स्वतंत्रता संग्राम के गाँधीवादी युग
का
संक्षिप्त परिचय

"वे अपने देशवासियों के ऐसे नेता हैं, जिन्होंने किसी बाहरी शक्ति से कोई सहायता नहीं ली है। वे एक ऐसे अलग श्रेणी के राजनेता हैं, जिनकी सफलता किसी चाल पर निर्भर नहीं करती है; तकनीकी के पूर्ण ज्ञान पर भी वह आधारित नहीं है। इसका आधार तो उनके स्वयं अपने व्यक्तित्व की विश्वास से भरी शक्ति है। वे एक ऐसे विजयी योद्धा हैं, जिन्होंने सदा बल-प्रयोग को अनदेखा किया है। वे एक ऐसे बुद्धिमान और विनम्र व्यक्ति हैं, जिनके भीतर अनोखी दृढ़ता है, जो अपने आदर्शों से बँधे हैं तथा जिन्होंने अपनी समस्त शक्ति अपने देशवासियों की दशा को सुधारने में लगाई है। उन्होंने यूरोपीय अमानुषिकता का प्रतिकार किया है एवं एक सीधे तथा साधारण मस्तिष्कधारक के रूप में अपने को श्रेष्ठ स्तर पर बनाए रखा है। कदाचित् यह सम्भव है कि भावी पीढ़ियाँ कठिनता से यह विश्वास करें कि गाँधी जैसा मानव इस पृथ्वी पर सशरीर उपस्थित रहा था।"

-अल्बर्ट आइन्सटीन

स्वतंत्रता संग्राम के गाँधीवादी युग
का
संक्षिप्त परिचय

डॉ० रवीन्द्र कुमार

Publications

कल्पाज़ पब्लिकेशंस
दिल्ली-110 052

स्वतंत्रता संग्राम के गाँधीवादी युग का संक्षिप्त परिचय

ISBN : 81-7835-670-8

कल्पाज़ पब्लिकेशंस

सी–30, सत्यवती नगर, दिल्ली–110 052

ई–मेलः kalpaz@hotmail.com

लेजर टाइप सैटिंगः दिनेश कुमार

प्रिंटिंगः सिंगल प्रिन्ट मीडिया, नई दिल्ली।

अनुक्रम

भारत जन-मन जागृत करके,
अरिदल को ललकारा जिसने।
सत्य-अहिंसा के अस्त्रों से,
रिपुदल रण में हारा जिससे।
उस गाँधी को नमन हजारों,
अर्पित हैं सारे सम्मान।
प्राण निछावर करके जिसने,
भारत माँ की रक्खी शान।।

– मनोज कुमार 'मनोज'

आमुख

सावधानीपूर्वक तैयार किए गए इस सूचनाप्रद तथा पाण्डित्यपूर्ण कार्य, जो चम्पारण से भारत छोड़ो आन्दोलन तक महात्मा गाँधी के नेतृत्व में हुई समस्त कार्यवाहियों को समेटता है, का आमुख लिखना मैं अपने लिए एक सुअवसर मानता हूँ।

गाँधी से पूर्व भारत एक भौगोलिक देश ही था। जनता को सत्याग्रह रूपी कार्यवाही के माध्यम से एकताबद्ध करके भारत को वास्तविक देश के रूप में परिवर्तित करने वाले गाँधी थे; और इसी का परिणाम था, जनता में साथ-साथ रहने की इच्छा का उत्पन्न होना। इस साथ-साथ रहने का अर्थ था, एक-दूसरे के सुख-दुख को बाँटना। अति संक्षेप में कहना हो तो भारत के सम्बन्ध में यह श्रेय गाँधीजी को ही जाता है कि सत्याग्रह रूपी अपनी जनकार्यवाहियों के माध्यम से उन्होंने जनमानस में साथ-साथ रहने की चेतना उत्पन्न की।

गाँधीजी को राष्ट्रपिता के रूप में जाना जाता है। यहाँ यह जानना उपयुक्त होगा कि उन्हें हिन्दुस्तान या भारत का पिता नहीं कहा जाता। गाँधीजी से पूर्व भी हिन्दुस्तान अथवा भारत मौजूद था, लेकिन केवल एक भौगोलिक अवधारणा के रूप में, न कि एक राष्ट्र के रूप में। गाँधीजी ने राज्यता को राष्ट्रीयता में परिवर्तित किया; इसीलिए उन्हें राष्ट्रपिता कहा गया, और वह भी किसी अन्य द्वारा नहीं, अपितु नेताजी सुभाषचन्द्र बोस द्वारा।

6 जुलाई, 1944 को गाँधीजी को समर्पित अपने एक सम्बोधन में सुभाष बाबू ने कहा था, “1941 में भारत छोड़ने के उपरान्त अंग्रेजी

प्रभाव से मुक्त जितने भी देशों में मैं गया हूँ, वहाँ वर्तमान शताब्दी तथा पूर्व शताब्दी के समस्त राजनेताओं की अपेक्षा आपका सम्मान सर्वोच्च स्तर पर है।" तदोपरान्त, आज़ाद हिन्द फौज के माध्यम से भारत की स्वाधीनता की चाह रखने वाले एवं इस हेतु प्रयास करने वाले, सुभाष बाबू ने अन्ततः कहा था, "हमारे देश के पिता! भारत की स्वाधीनता के लिए इस पवित्र युद्ध में हम आपका आशीर्वाद और शुभकामना चाहते हैं।"

हमें यह भी भली-भाँति ज्ञात है कि गाँधीजी को महात्मा की उपाधि देने वाले रवीन्द्रनाथ टैगोर थे।

गाँधीजी सत्यान्वेषक थे। ऐसे व्यक्ति का विनम्र होना आवश्यक है। सत्य सामुदायिक नहीं है, यह सीमित नहीं है। यह मेरे और तेरे की परिधि में भी नहीं है। यह सीमा में बँधा हुआ नहीं है। इसीलिए, गाँधीजी के नियमों से भी पवित्र उनके कर्म थे; और यही कारण था कि उन्हें कहना पड़ा, "मेरा जीवन ही मेरा सन्देश है।" यद्यपि जिन्होंने गाँधीजी के जीवन का अध्ययन किया, उन्होंने उसकी नकल की, लेकिन वे उनके 'सन्देश' को भूल गए। दूसरी ओर, जिन्होंने उनके 'सन्देश' को समझा, वे उनके 'जीवन' को भूल गए। वे यह भूल गए कि अभिनेता और उसकी सज्जा को पृथक-पृथक नहीं किया जा सकता। इसीलिए गाँधीजी के अहिंसक संघर्ष को उनके सन्देश एवं जीवन से पृथक नहीं किया जा सकता।

गाँधीजी के अहिंसक संघर्ष को सत्याग्रह के रूप में जाना गया। सम्पूर्ण मानव-इतिहास में किसी व्यक्ति द्वारा प्रयोग में लाई गई यह कदाचित् सर्वाधिक साहसिक एवं यशस्वी कार्यवाही थी। गाँधीजी ने मार्ग दिखाया और अन्यों को इसके अनुसरण के लिए प्रेरित किया। इस

सम्बन्ध में उनके द्वारा संघर्षों को प्रारम्भ करने के कारणों एवं उनकी पृष्ठभूमि का अध्ययन करना श्रेयस्कर होगा। सत्य ही कहा गया है, इतिहास, न्यूनाधिक, महान व्यक्तियों के जीवन का लेखा-जोखा है; इतिहास रचने वाले महान व्यक्तियों के पास इसे लिखने का समय नहीं होता, लेकिन अन्ततः इतिहास का अर्थ होता है, उदाहरणों एवं प्रयोगों पर आधारित दर्शन। इसीलिए, यह आवश्यक है कि डॉ० रवीन्द्र कुमारजी जैसे व्यक्ति द्वारा इस इतिहास का वर्णन किया जाना चाहिए। यह जानना मूल्यवान होगा कि अपनी दक्षता और विद्वत्ता के कारण डॉ० रवीन्द्र कुमारजी आमजन के लाभार्थ इतिहास को प्रकट करने वाले सही व्यक्ति हैं। और, इन्होंने यह प्रशंसनीय कार्य किया भी है। मैं इन्हें इस श्रेष्ठ सेवा के लिए हृदय से बधाई देता हूँ।

'इंडिपेन्डंस' (स्वतंत्रता) एवं 'फ्रीडम' (स्वाधीनता) दो शब्द हैं; दोनों के पृथक-पृथक क्षेत्र हैं, पृथक-पृथक परिधियाँ हैं, तथा पृथक-पृथक ही दोनों की अवधारणाएँ हैं। हमने राजनीतिक स्वतंत्रता प्राप्त कर ली है, लेकिन स्वाधीनता नहीं। गाँधी के स्वराज्य का अर्थ हर प्रकार की दासता अथवा शोषण से मुक्ति था; सामाजिक, राजनीतिक, धार्मिक अथवा आर्थिक स्वतंत्रता स्वराज्य का अभिप्राय था। जब तक इसे प्राप्त नहीं किया जाता, गाँधीजी के सत्याग्रह की अवधारणा तब तक प्रासंगिक रहेगी; और, इसीलिए, यह आज पहले से भी अधिक प्रासंगिक है।

इस पुस्तक के पढ़ने मात्र से ही यह स्पष्ट हो जाएगा कि हमारी प्रारम्भिक सोच में जो असम्भव था, वह गाँधीजी के अहिंसक संघर्ष के माध्यम से सम्भव हो गया। चम्पारन से भारत छोड़ो आन्दोलन तक के महात्मा गाँधी के अहिंसक सत्याग्रह संघर्ष एक प्रकार से शृंखलाबद्ध

प्रतिरोधात्मक कार्यवाहियाँ हैं, जिनमें विशेष सिद्धान्तों के लिए कानून तोड़ा जाता है। न्यायसंगत रूप में सत्याग्रह उसी व्यक्ति द्वारा किया जाना सम्भव है, जो वैधानिक सत्ता का आदर करता है, तथा भिन्न परिस्थिति में भी कानून का पालन करता है। वास्तव में, सत्याग्रही उस कानून को मानने से मना करता है, जिसे वह अनैतिक एवं अनुचित समझता है। ऐसा कानून भंग करने के उपरान्त और अपने कथित अपराध के लिए निर्धारित सर्वोच्च्व दण्ड को स्वीकार करते हुए, वह अन्ततः वैधानिक सत्ता का आदर करता है। वह, इस प्रकार, कानून का सम्मान करता है, लेकिन, साथ-ही-साथ, असहयोग द्वारा उसके बुराई वाले पक्ष को चुनौती देता है। गाँधीजी ने, इस प्रकार, क्रान्ति की तकनीकी में एक नए आयाम की खोज की, यह बुराई के विरुद्ध अहिंसक प्रतिरोध मात्र ही नहीं था, अपितु सही दिशा की ओर निश्चित कदम भी था।

दो शब्दों को ठीक से जान लेना चाहिए। प्रथमः सत्याग्रही; और दूसराः सत्यग्राही। सत्यग्राही का अर्थ है, वह जो 'सत्य' को सिद्धान्त एवं जीवन के मार्ग के रूप में स्वीकार करता है। इसीलिए, गाँधीजी की अहिंसा नकारात्मक अवधारणा वाली नहीं थी, अपितु यह जीवन के लिए सकारात्मक मार्ग था। गाँधीजी के अनुसार उन्होंने इसलिए अस्त्रहीन प्रतिरोध का सहारा नहीं लिया कि उनके पास अस्त्र नहीं थे; उन्होंने अहिंसक प्रतिरोध का सहारा इसलिए लिया, क्योंकि उन्होंने अस्त्रों के भय को पूर्णतः अपने में से निकाल दिया। सारांश यह कि उन्होंने अस्त्रों-शस्त्रों की अनावश्यकता को अनुभव किया। उन्होंने जाना कि इनके भय से कुछ भी श्रेष्ठ माना जाने वाला प्राप्त नहीं किया जा सकता, क्योंकि भय वह अन्धकारमय कक्ष है, जहाँ केवल

नकारात्मकता ही विकसित होती है। यह था गाँधीजी का रचनात्मक और गतिशील अहिंसक आन्दोलन। इसने नैतिकता की अवधारणा को तात्त्विक आधार प्रदान किया। इस सन्दर्भ में, तो भी, स्वयं अहिंसा प्रारम्भिक और मूल मूल्य बनी रही; अहिंसा, जो स्वाभाविक रूप से सकारात्मक मूल्य भी है, आन्दोलन का ऐसा आधार रही, जिसके सहारे आमजन उसमें भागीदारी कर सका। यही चम्पारन से भारत छोड़ो आन्दोलन तक के गाँधीजी के समस्त आन्दोलनों का आधार भी रही।

यदि हम (गाँधीजी के) इन आन्दोलनों की शक्ति को भली-भाँति समझेंगे, तो हमारे समक्ष सरदार वल्लभभाई पटेल और अन्य महान व्यक्तियों के इन्हीं आन्दोलनों के माध्यम से उदित होने की वास्तविकता प्रकट होगी। इन आन्दोलनों ने हमें गुणवान नेता दिए; ऐसे नेता, जो अन्ततः राष्ट्र के कर्णधार सिद्ध हुए।

इस पुस्तक में डॉ० रवीन्द्र कुमार ने व्यावहारिक ढंग से गाँधीवादी युग के आन्दोलनों-खेड़ा, चम्पारन, खिलाफत, बारडोली, नागपुर सत्याग्रह तथा अन्यों-का लेखा-जोखा प्रस्तुत किया है। इनमें से प्रत्येक सत्याग्रह ने एक नया नेता उत्पन्न किया। इसीलिए, ये केवल अहिंसक आन्दोलन ही नहीं थे, अपितु नेतृत्वकर्ताओं के लिए प्रशिक्षण के मैदान भी थे। डॉ० रवीन्द्र कुमार ने संक्षिप्ततः, लेकिन साथ ही स्पष्टतः, खुलासा किया है कि किस प्रकार देश का आमजन अपने को इनसे सम्बद्ध कर सका। विवरण के साथ डॉ० कुमार ने इन सत्याग्रहों की सभी प्रमुख विशेषताओं को प्रकट किया है। सही कहा गया है कि इतिहास का कोई अन्त नहीं; और इतिहास में अन्तिम अध्याय कभी नहीं लिखा जाता।

मेरे दृष्टिकोण में इस पुस्तक की आज विशेष प्रासंगिकता

इसलिए भी है कि संयुक्त राष्ट्र-संघ ने इस दशक को 'अहिंसा और शान्ति की संस्कृति' का दशक घोषित किया है। बीसवीं शताब्दी सम्पूर्ण मानव-इतिहास में सबसे अधिक हिंसक रही है। तुलनात्मक रूप से किसी अन्य शताब्दी के मुकाबले इसमें संगठित हिंसा के कारण अधिक जान-माल की हानि हुई। युद्धों, संहारों और बड़े पैमाने पर विनाश के लिए तैयार हथियारों ने ऐसी चिन्तामयी स्थिति उत्पन्न कर दी है कि किसी आशा की खोज कर पाना भी कठिन जान पड़ता है। ऐसे में, इसीलिए, गाँधीजी की अहिंसा की शिक्षा आज अत्यधिक प्रासंगिक हो गई है।

अब, यद्यपि देर से ही सही, यह अनुभूति हो गई है कि (गाँधीजी की अहिंसा के अतिरिक्त) कोई दूसरा विकल्प नहीं है; और यही कारण है कि सम्पूर्ण अमरीका के किशोरों में बढ़ती हिंसा के चलते, न्यू जर्सी की विधान सभा में गाँधीजी की अहिंसा-सम्बन्धी शिक्षाओं को पाठशालाओं के पाठ्यक्रम में सम्मिलित किए जाने से सम्बद्ध एक विधेयक प्रस्तावित किया गया है। 'मातृ-दिवस' के अवसर पर, 12 मई, 2000 को न्यूयार्क में हजारों माताओं ने एकत्रित होकर हथियारों के उत्पादन व इनके प्रयोग पर प्रतिबन्ध लगाने की माँग की है। मुझे भय है कि आने वाली शताब्दी और सहस्राब्दी में हिंसा की तीव्रता में अभूतपर्वू वृद्धि हो सकती है। वह इसलिए, क्योंकि युद्धों के इतिहास के अध्ययन से यह स्पष्ट हो जाता है कि हमने विनाशलीला से कुछ नहीं सीखा है। इसलिए बल इस बात पर रहना चाहिए कि अहिंसा व्यक्तिगत और सामाजिक, दोनों, स्तरों पर स्वीकार्य हो; और जो शान्ति की वकालत करते हैं, उनके कथन और व्यवहार में, और विशेषकर संघर्षों के समाधानार्थ किए जाने वाले प्रयासों में, अहिंसात्मक तकनीकी ही प्रयुक्त हो।

मानवता का भविष्य अहिंसा को जीवन के सिद्धान्त के रूप में स्वीकारने पर निर्भर करता है; और इस पर ही विज्ञान तथा आध्यात्मिकता की एकरूपता आधारित हो सकती है। तो भी दुर्भाग्य से आधुनिकतावाद ताज़ा रूढ़िवाद बन गया है और हम यह भूल गए हैं कि आधुनिकतावाद अनिवार्य आधुनिकता नहीं है; यह प्राचीन मान्यताओं व परम्पराओं से भी अधिक पिछड़ा हो सकता है। इसीलिए मेरे दृष्टिकोण से डॉ० रवीन्द्र कुमारजी ने इस अवसर पर, जब अहिंसक संघर्ष अत्यधिक आवश्यक है, इस पुस्तक को तैयार कर एक बड़ी सेवा की है।

मुझे आशा है कि न केवल इतिहास के विद्वान और छात्र ही, अपितु हमारे राजनीतिक नेता तथा वे अन्य सभी, जो मानव-इतिहास में रुचि रखते हैं, खुले दिल से इस पुस्तक का स्वागत करेंगे। मैं इस पुस्तक की सम्पूर्ण सफलता की कामना करता हूँ, तथा साथ ही, डॉ० रवीन्द्र कुमारजी को हार्दिक बधाई देता हूँ।

–न्यायमूर्ति चन्द्रशेखर धर्माधिकारी

"मेरा व्यक्तिगत विश्वास पूरी तरह से स्पष्ट है। जान-बूझकर मैं किसी भी जीवित प्राणी का अहित नहीं कर सकता हूँ, विशेष रूप में किसी व्यक्ति का, भले ही कोई मुझे कितना भी नुकसान पहुँचाए अथवा मेरा अहित करे।"

–महात्मा गाँधी

भूमिका

प्रिंस ऑफ सोंगकला विश्वविद्यालय, थाईलैण्ड के धर्म और दर्शन विभाग के निमंत्रण पर वर्ष 1996 और 1999 के मध्य चार बार मुझे अतिथि आचार्य के रूप में वहाँ जाने का अवसर प्राप्त हुआ। अपनी यात्राओं के दौरान धर्म और दर्शन विभाग के अतिरिक्त विश्वविद्यालय के दूसरे विभागों व संकायों के छात्रों, शोधकर्ताओं और अध्यापकों के समक्ष भी विभिन्न विषयों पर मैंने अपने विचार रखे। इस सन्दर्भ में मैं विशेष रूप से शिक्षा संकाय के नाम का उल्लेख करूँगा। यही नहीं, ऐसे भी अवसर आए जब सारे परिसर के समक्ष मैंने विशेष व्याख्यान दिए। यह मेरे लिए प्रसन्नता और गर्व-दोनों- का विषय रहा था।

अप्रैल, २००० मेरी उक्त विश्वविद्यालय की पाँचवी यात्रा के लिए तय किया गया महीना था; इस बार अतिथि आचार्य के रूप में धर्म और दर्शन विभाग से निमंत्रण के अतिरिक्त विश्वविद्यालय ने एक विशेष विषय पर व्याख्यानमाला का अनुरोध भी मुझसे किया, क्योंकि उस व्याख्यानमाला के लिए राजनीति विज्ञान विभाग की विशेष रुचि थी। व्याख्यानमाला के लिए विषय था, 'भारत की राष्ट्रीय मुक्ति के लिए गाँधी द्वारा प्रारम्भ अहिंसक सत्याग्रह और भावी पीढ़ियों के लिए उसकी महत्ता।' यद्यपि विषय मेरी रुचि का था, लेकिन व्याख्यानमाला तैयार करने के लिए समय बहुत ही कम था। इसलिए शीघ्रता में सात व्याख्यानों वाली शृंखला को मैंने हिन्दी व अंग्रेजी-दोनों-भाषाओं में तैयार किया।

व्याख्यानमाला श्रोताओं को पसन्द आई। इसलिए अपनी यात्रा पूर्ण करके वापस भारत पहुँचने पर मैंने हिन्दी व अंग्रेजी-दोनों-भाषाओं में व्याख्यानमाला से पुस्तक की पाण्डुलिपियाँ तैयार करने का विचार किया।

प्रोफेसर के० एल० मलिक ने अंग्रेजी में पाण्डुलिपि को तैयार करने में मेरी सहायता की, विशेषकर हिन्दी से कुछ भाग अंग्रेजी में अनुदित करने में उन्होंने सुझाव दिए। इसी भाँति अंग्रेजी से हिन्दी में कुछ भाग श्री मनोज कुमार 'मनोज' ने भी अत्यधिक सावधानी से अनुदित किए जाने में मेरी सहायता की है। मैं प्रोफेसर मलिक एवं श्री मनोज कुमार 'मनोज'- दोनों- का आभारी हूँ, साथ ही मुझे आमंत्रितकर्ता विभाग और विश्वविद्यालय के समस्त अधिकारियों, विशेषकर मेरे व्याख्यानों में गहन रुचि लेने वाले श्रोताओं का हृदय से मैं धन्यवाद करता हूँ।

अपने इस धन्यवाद-क्रम को मैं पूर्ण नहीं कर पाऊँगा, यदि मैं अपने प्रति सदैव स्नेह रखने वाले तथा प्रेरित करने वाले पद्म भूषण सम्मानित सुलभ इन्टरनेशनल के संस्थापक डॉ० बिन्देश्वर पाठक को कृतज्ञतापूर्वक यहाँ स्मरण न करूँगा।

वर्तमान और भावी पीढ़ियों के लिए गाँधी और गाँधीवाद से सीखने के लिए बहुत कुछ है; विशेष रूप से उनके अहिंसक मार्ग से बहुत कुछ सीखा व जाना जा सकता है। गाँधी और गाँधीवाद, देश-काल की परिस्थितियों में सदैव अथवा बहुत लम्बे समय तक प्रेरणा के स्रोत बने रहेंगे और उन पर चर्चा होती रहेगी; न केवल भारतीयों में ही, अपितु सारे विश्व की उनमें रुचि रहेगी। इसी दृढ़

"किसी दास की बेड़ियाँ उसी क्षण से कट जाती हैं, जब वह अपने आप को मुक्त समझने लगता है।"

–महात्मा गाँधी

निश्चय के साथ मैं इस व्याख्यानमाला को, जो कि अब पुस्तक के रूप में प्रकाशित होने जा रही है, समस्त अहिंसा प्रेमियों को और विश्व-शान्ति के समर्थकों को समर्पित करता हूँ।

मुझे पूर्ण विश्वास है कि विषय में रुचि रखने वाले सभी लोग एक सन्दर्भ पुस्तक के रूप में इससे लाभ उठाएँगे।

–रवीन्द्र कुमार

1

प्रारम्भिक घटनाक्रम

“एक भारतीय के रूप में मैं अपने आपको कोई बाहरी व्यक्ति नहीं मानता हूँ। और जब तक किसानों की कठिनाइयों से मैं व्यक्तिगत रूप से परिचित नहीं हो जाता हूँ, मेरा (उनके मध्य से) वापस जाने का भी कोई विचार नहीं है।”

–महात्मा गाँधी

भारत के इतिहास में रुचि रखने वाले जानते हैं कि 1857 की घटना, अनेक तर्कों-वितर्कों के बाद भी, साम्राज्यवादियों से भारतीय राष्ट्रीय मुक्ति के प्रयास का प्रारम्भ थी। इसके बाद के 60 वर्षों की अवधि दिशाविहीन और बिखरे हुए संघर्षों की कहानी है। दक्षिणी अफ्रीका में अपने आपको 'नायक' के रूप में स्थापित करने के बाद, इस विश्वास के साथ कि '...शक्तिशाली-से-शक्तिशाली शासक भी शासितों के सहयोग के बिना शासन नहीं कर सकता', मोहनदास करमचन्द गाँधी, जो बाद में विश्वभर में महात्मा गाँधी के नाम से सुविख्यात हुए, वर्ष 1915 में अपनी मातृभूमि भारत, वापस लौटे। उस समय, जैसा कि विदित है, भारत का वातावरण आपसी अविश्वास और भेदभाव से भरा हुआ था; विकृतियों से भरपूर था। ऐसे में गाँधी का आगमन न केवल राजनीतिक दृष्टिकोण से ही, अपितु देश की सामाजिक स्थिति के दृष्टिकोण से भी महत्त्वपूर्ण था।

उस समय, अर्थात् 1915 में जब गाँधी मातृभूमि वापस लौटे, तो यहाँ दो प्रकार की समानान्तर राजनीतिक गतिविधियाँ चलती थीं। प्रथम प्रकार की गतिविधियों का नेतृत्व गोपाल कृष्ण गोखले कर रहे थे। गोखले विनम्रतापूर्वक बोलने वाले नेता थे और वे नरमपंथी थे। साम्राज्यवादी सरकार के समक्ष वे सुधारों के लिए प्रत्यावेदन करते थे, और फिर उन्हें चाहे उत्तर 'हाँ' में मिले अथवा 'नहीं' में, वे बाद में चुप हो जाया करते थे। 'सर्वेन्ट आफ इण्डिया सोसायटी' के माध्यम से गोखले कार्य करते थे और अपने भारत आगमनोपरान्त गाँधी ने स्वयं भी इस संस्था से जुड़ने का प्रयास किया था। लेकिन गाँधी के सक्रिय रूप में कार्य करने के ढंग और गतिविधियों को गोखले व उनके

साथियों ने पसन्द नहीं किया। उन्होंने संस्था से गाँधी की सम्बद्धता का विरोध किया। परन्तु फिर भी गोपाल कृष्ण गोखले, गाँधी की वीरता, क्षमता और कई अन्य विशेषताओं एवं गुणों से प्रभावित हुए बिना नहीं रहे। विशेषकर दक्षिणी अफ्रीका में गाँधी के कार्यों के वे बहुत प्रशंसक थे; भारत के भविष्य को भी वे गाँधी में देखते थे। गाँधी के व्यक्तित्व की विशेषताओं से अनुमान लगाते हुए गोखले ने 1914 में इंग्लैण्ड में बोशेसेन से कहा था, "यही छोटा-सा आदमी भविष्य में भारत का नेता होगा।" स्वयं गाँधी गोखले को अपना राजनीतिक गुरु मानते थे। गोखले गाँधी को हर सम्भव सहायता देने के इच्छुक भी थे। इसीलिए उन्होंने गाँधी से निःसंकोच जितने धन की आवश्यकता हो, उनसे उतना लेने और अपना कार्य आगे बढ़ाने को कहा था। लेकिन 1915 में गोखले का निधन हो गया, साथ ही उनके एक निकटतम साथी व बंगाल के प्रसिद्ध नेता केशवचन्द्र सेन भी उसी वर्ष चल बसे। परिणामस्वरूप सुरेन्द्रनाथ बनर्जी के नेतृत्व में उक्त नरम पंथियों की गतिविधियाँ न्यूनाधिक जारी रहीं।

बाल गंगाधर तिलक, जो दूसरे खेमे का नेतृत्व करते थे, गोखले की मृत्यु के उपरान्त भारतीय राजनीतिक मंच पर सबसे बड़े नेता के रूप में स्वीकार किए जा सकते हैं। तिलक सनातन हिन्दू धर्म-सम्प्रदाय के कट्टर अनुयायी थे। वे विदेशी शासन के तीव्र विरोधी थे और उसकी सत्ता को सीमित करने के उद्देश्य से कठिनाइयों में उसे डाले रखना चाहते थे। साथ ही, उन्होंने कुछ ऐसे कार्यक्रमों को प्रारम्भ किया, जिन्होंने बहुसंख्यकों पर गहरा प्रभाव डाला। 19वीं शताब्दी के अन्त में महाराष्ट्र क्षेत्र में उन्होंने 'गणेश पूजा' और 'शिवाजी महोत्सव' प्रारम्भ किए। अनेक अवसरों पर वे उग्र होकर बोले भी। यद्यपि गीता

द्वारा प्रदत्त 'कर्मयोग' सिद्धान्त के प्रति उनकी श्रद्धा थी, लेकिन स्वयं हिन्दू बहुसंख्यक सम्प्रदाय में से कई उनके विरोधी थे और उन्होंने तिलक के प्रभाव पर अंकुश लगाने का कार्य भी किया। यह भी एक कारण था कि तिलक भारतवर्ष में बहुत प्रभावी नेता नहीं बन सके। और, देश-काल की परिस्थितियों में, साम्राज्यवादी अंग्रेजी सत्ता से छुटकारा कैसे मिले? यह भी तिलक की सोच से बाहर की बात थी। विदेशी शासन के विरुद्ध सक्रिय व प्रभावी विरोध का ढंग उनके पास नहीं था। उन्होंने 'गीता-रहस्य' लिखा; 'स्वराज्य मेरा जन्मसिद्ध अधिकार है', यह नारा दिया। बीसवीं शताब्दी के प्रारम्भ में उन्होंने स्वदेशी आन्दोलन को प्रारम्भ किया। निश्चित रूप से वे बुद्धिमान थे, योग्य थे और स्वतंत्रताप्रेमी थे, लेकिन, जैसा कि कृपलानी ने भी माना है:

"अन्य समकालीन नेताओं की भाँति ही वे दूसरों को बताए जाने वाले मार्ग का स्वयं ही अनुसरण नहीं कर पाते थे।"

बाद में स्वयं तिलक निश्चिंत हो गए थे कि गाँधी का मार्ग सिद्धान्तपूर्ण है; उनके नेतृत्व में संघर्ष करके ही देश की परतंत्रता की बेड़ियों को काटा जा सकेगा। यही कारण था कि उन्होंने गाँधी के नेतृत्व को स्वीकारने के लिए जनता का आह्वान किया। अपनी मृत्यु से पूर्व 1920 में उन्होंने स्पष्टतः घोषणा की, "गाँधी द्वारा दिए जा रहे नेतृत्व को सभी, आम व खास, को स्वीकार कर लेना चाहिए।"

1915 में जब गाँधी अपनी मातृभूमि लौटे थे, तो वे सबसे पहले गोखले से मिले थे, और गोखले ने उस भेंट के दौरान गाँधी को यह परामर्श दिया था कि उन्हें कम-से-कम एक वर्ष के लिए देश की राजनीतिक और सामाजिक स्थिति से परिचित होना चाहिए और उसके बाद ही उचित दिशा में कार्यवाही हेतु भविष्य का अपना कार्यक्रम तय

करना चाहिए। गोखले द्वारा गाँधी को दिए गए परामर्श के मूल में कारण यह था कि गाँधी लगभग 25 वर्षों तक देश से बाहर रहे थे, और जो आदमी इतने लम्बे समय तक अपने देश से अनुपस्थित रहा हो, उसे अधिक नहीं तो कम-से-कम एक वर्ष तो देश की वास्तविक परिस्थितियों को समझने में लगेगा ही। गाँधी ने भी इसीलिए गोखले के परामर्श को मान लिया और भारत में अपना सार्वजनिक जीवन 1916 से प्रारम्भ किया। इसके बाद दिन-प्रतिदिन, माह-प्रतिमाह और वर्ष-प्रतिवर्ष उनका बढ़ता गहन प्रभाव जनता पर पड़ता गया; लोग उनके नेतृत्व के नीचे तीव्रता से इकट्‌ठा होते गए। राष्ट्रीय मुक्ति आन्दोलन के समय भारत के सामाजिक-राजनीतिक क्षेत्र में वे सूर्य की भाँति चमकने लगे। उनके व्यक्तित्व की इन क्षेत्रों में ऐसी गहरी छाप पड़ी कि इतिहास में उसका दूसरा उदाहरण मिलना कठिन है। कदाचित् गाँधी के अतिरिक्त इतिहास में ऐसा भी कोई दूसरा उदाहरण नहीं मिलेगा जिसमें किसी नेता द्वारा जनता को करोड़ों की संख्या में अपने सर्वोच्च बलिदान के लिए तैयार किया गया हो। जनता को बलिदान के लिए प्रेरित करने के बाद, यदि नेता को ऐसा प्रतीत हो कि करोड़ोजन आदर्श की सीमा से बाहर जा रहे हैं; उनका व्यवहार सिद्धान्त के विपरीत हो रहा है तो वह अचानक ही जारी संघर्ष को रोक देने की घोषणा कर दे, ऐसा इतिहास में देखने को नहीं मिलेगा। केवल गाँधी ही इसका सजीव उदाहरण हैं, जिन्होंने ऐसा करके दिखाया।

यदि हम विश्व-इतिहास के पृष्ठों में जाते हैं, तो हमें ज्ञात होता है कि कई सिद्धान्तों, जिनमें साम्यवादी सिद्धान्त भी सम्मिलित है, के माध्यम से जनता को क्रान्ति के लिए प्रेरित किया गया। लेकिन ऐसा

करने के बाद कोई नेता, गाँधी के अतिरिक्त, क्रान्ति की धधकती ज्वाला को बीच में ही बुझा सका हो या बढ़ाए गए कदम को वापस हटा पाया हो, ऐसा नहीं हुआ।

ऐसे जारी आन्दोलनों को महात्मा गाँधी ने अचानक वापस ले लिया जो अपने उद्देश्यों को प्राप्त करते प्रतीत होते थे। अपनी क्षमता, दृढ़ता, स्पष्टता और पक्षपात से दूर व विस्तृत दृष्टिकोण वाली राजनीतिक सूझबूझ व कला के कारण ही अपने सार्वजनिक जीवन में प्रवेश से लेकर भारत की स्वतंत्रता के समय तक उन्होंने भारतवासियों का नेतृत्व किया। तिलक, सुरेन्द्रनाथ बनर्जी, लाजपत राय, मोतीलाल नेहरू, चित्तरंजन दास और मदनमोहन मालवीय जैसे नेताओं ने गाँधी को देश का पथ-प्रदर्शक और नेता स्वीकार किया। रवीन्द्रनाथ टैगोर और अरविन्द जैसे महान पुरुषों ने कदम-कदम पर गाँधी को समर्थन दिया। यही कारण रहा कि स्वाधीनता आन्दोलन का गाँधीवादी युग स्वर्णिम बना।

गाँधीवादी युग में एक नेतृत्व था, एक स्वर था, और उस स्वर पर लगभग सर्वसम्मति थी। नेतृत्व और उस स्वर का कुछ उद्देश्य था, और वह था भारत के लिए स्वाधीनता प्राप्त करना। निःसन्देह भारत ने स्वाधीनता प्राप्त की और इसी के साथ, अहिंसक साधनों के माध्यम से एक अद्वितीय, न्याय से भरपूर और सरल मार्ग दुनिया के लिए खोल दिया। ऐसा मार्ग जो मानव-कल्याण के दृष्टिकोण से सदैव ही ग्राह्य व अनुकरणीय रहेगा।

जैसा कि उल्लेख किया है, गाँधी ने अपने सार्वजनिक जीवन का प्रारम्भ वर्ष 1916 से किया और उसी वर्ष उन्होंने लखनऊ में आयोजित भारतीय राष्ट्रीय काँग्रेस के अधिवेशन में भाग लिया। इससे

पहले, अर्थात 1915 में भी गाँधी मुम्बई काँग्रेस अधिवेशन में न केवल भागीदारी कर चुके थे, अपितु भारत की औपनिवेशिक स्थिति के सम्बन्ध में एक महत्त्वपूर्ण प्रस्ताव भी वहाँ रख चुके थे। प्रस्ताव में उन्होंने कहा था, "औपनिवेशिक राजनीतिज्ञों की उदारता और साम्राज्यवादियों की घोषणा के बाद भी दक्षिणी अफ्रीका एवं कनाडा में लागू कानूनों को उस प्रकार लोकप्रिय ढंग से व्यावहारिक नहीं बनाया गया है, जिससे उनके आधार पर भारतीयों को न्याय और व्यवहार में बराबरी मिल सके। काँग्रेस का यह विश्वास है कि स्वशासित औपनिवेशिक स्थिति ही प्रवासी भारतीयों को यूरोपवासियों के समान अधिकार दिला सकती है। और... साम्राज्यवादी सरकार वे समस्त योजनाएँ तथा कार्यक्रम तैयार करेगी, जिनसे उन्हें वे सभी सम्भव अधिकार मिल सकेंगे जिनसे अभी तक उन्हें अन्यायपूर्ण ढंग से वंचित रखा गया है। और परिणामस्वरूप उनमें असन्तोष और खलबली पैदा हो गई है...।"

1916 के लखनऊ काँग्रेस अधिवेशन में गाँधी ने श्रमिकों के सम्बन्ध में एक प्रस्ताव रखा था, जो उनकी स्थिति में निरन्तर सुधार के सुझाव भी देता था; साथ ही लखनऊ काँग्रेस के मंच से उन्होंने यह घोषणा की थी कि भविष्य में वे किसी भी काँग्रेस अधिवेशन में अंग्रेजी में नहीं बोलेंगे। एक राष्ट्रभाषा स्वराज्य की भावना की सदा द्योतक होती है। इसलिए समस्त देशवासियों के लिए आवश्यक है कि वे राष्ट्रभाषा के रूप में हिन्दी सीखें। अधिवेशन में उपस्थित जनता का विशेष रूप से इसके लिए उन्होंने आह्वान किया।

लखनऊ अधिवेशन के समय ही चम्पारन, बिहार के एक किसान राजकुमार शुक्ल गाँधी से मिले। शुक्ल ने नील की खेती में संलग्न

किसानों पर होने वाले अमानुषिक अत्याचारों की करुण कहानी गाँधी को सुनाई। शुक्ल ने उनसे यह अनुरोध किया कि अत्याचारों को वे स्वयं चम्पारन आकर देखें। अपने स्वभाव के अनुरूप गाँधी ने शुक्ल से नील की खेती में संलग्न किसानों व उन्हें पट्टे पर भूमि देने वालों के मध्य कानूनी स्थिति के बारे में स्पष्टीकरण माँगे। लेकिन राजकुमार शुक्ल दुर्भाग्य से स्थिति को स्पष्ट न कर सके। फिर भी गाँधी ने शुक्ल को अप्रैल, 1917 में चम्पारन पहुँचने का वचन दिया, और उसके अनुपालन में वे 15 अप्रैल, 1917 को चम्पारन जनपद के मुख्यालय मोतीहारी पहुँचे। उनके साथ उन वकीलों का एक छोटा दल भी था, जो जनपद की भूमि की कानूनी स्थिति से भली प्रकार परिचित था; और उसके साथ गाँधी उक्त स्थिति पर काफी चर्चा पूर्व में ही कर चुके थे। इसका परिणाम उनके समक्ष यह आया था कि वास्तव में गत 15 वर्षों से किसानों की दशा, जो पट्टे के मालिकों के अधीन कार्य करते थे, बहुत ही शोचनीय बनती गई थी।

चम्पारन में भूमि के पट्टों पर स्वामित्व श्वेतों का था; उन्होंने अपने हितों को साधने की दृष्टि से एक संगठन भी बना रखा था। अपने चम्पारन आगमनोपरान्त गाँधी ने सर्वप्रथम 11 अप्रैल, 1917 को इसी संगठन के सचिव जे० एम० विल्सन से जब भेंट की तो उन्हें अपने आने का कारण भी बताया। गाँधी ने किसानों की समस्या से जुड़े विषय के सम्बन्ध में विल्सन से सहयोग करने का अनुरोध किया, लेकिन विल्सन शंका में डूबा व्यक्ति था। इस कारण उसने गाँधी को एक बाहरी व्यक्ति ही बता डाला। यही नहीं, विल्सन ने यहाँ तक कहा, "चम्पारन में आपकी उपस्थिति समस्याएँ खड़ी करेगी। आपको हमारे व किसानों के बीच आने की कोई आवश्यकता नहीं है, लेकिन फिर

भी कोई प्रत्यावेदन आपको देना हो तो वह आप मुझे लिखित में दे सकते हैं।" इस पर गाँधी ने उत्तर दिया:

"एक भारतीय के रूप में मैं अपने आपको कोई बाहरी व्यक्ति नहीं मानता हूँ। और जब तक किसानों की कठिनाइयों से मैं व्यक्तिगत रूप से परिचित नहीं हो जाता हूँ, मेरा (उनके मध्य से) वापस जाने का भी कोई विचार नहीं है।

मोतीहारी से गाँधी ने ग्रामों की दशा का अवलोकन करने के उद्देश्य से प्रस्थान किया। वे मार्ग में ही थे कि उन्हें चम्पारन के जिलाधिकारी की ओर से जारी एक नोटिस मिला, जिसमें उनसे 24 घण्टे के भीतर जनपद छोड़ने का आदेश था। गाँधी ने तुरन्त ही उस नोटिस का उत्तर दिया और चम्पारन के जिलाधिकारी को उसके माध्यम से यह स्पष्टतः बता दिया कि जिस उद्देश्य के लिए वे आए हैं, उसे पूर्ण किए बिना वे जनपद से नहीं जाएँगे। उपरान्त गाँधी ने अपना कार्य जारी रखा। अपने मोतीहारी के निवास स्थल पर उन्होंने किसानों के वक्तव्य लेने का क्रम बनाए रखा। इस पर पुनः उन्हें जिलाधिकारी ने अपने न्यायालय में 18 अप्रैल, 1917 को उपस्थित होने का आदेश भेजा।

गाँधी न्यायालय पहुँचे। सुनवाई प्रारम्भ हुई। सरकारी वकील ने गाँधी को कानून भंग करने का दोषी सिद्ध करने का पूर्ण प्रयास किया। गाँधी ने आरोपों का उत्तर दिया और फिर अपने द्वारा दिए गए वक्तव्य से उपस्थितजन को भौचक्का कर दिया। उनका वक्तव्य था:

"देश में मेरा आगमन मानवीय और राष्ट्रीय सेवाएँ प्रदान करने के उद्देश्य से हुआ...। बिना समस्या के मूल में जाए मैं कोई सहायता दे नहीं सकता...। कानून का सम्मान करने वाले व्यक्ति के रूप में मेरा

कर्तव्य तो यही है कि मैं दिए गए आदेश का पालन करूँ। लेकिन उन लोगों के प्रति हिंसा किए बिना, कि जिनके लिए में यहाँ आया हूँ, मैं ऐसा कर नहीं सकता। मैं उनकी सेवा केवल उनके बीच में रहकर ही कर सकता हूँ। इस वक्तव्य को देने के पीछे मेरा उद्देश्य उस दण्ड से बचना नहीं है, जो कि मुझे दिया जाने वाला है, अपितु यह प्रकट करना है कि दिए गए आदेश की अवहेलना मैंने कानून के प्रति अनादर की दृष्टि से नहीं की है, अपितु अन्तर्रात्मा की आवाज़ पर की है; अपनी अन्तर्रात्मा के उच्च कानून के अनुपालन में की है...।" (विस्तार के लिए परिशिष्ट संख्या-1 को देखें)

अन्तर्रात्मा की आवाज़ अथवा जीवात्मा के उच्च कानून के अनुपालन के मार्ग में बढ़ते हुए किसी सांसारिक कानून का उल्लंघन नहीं हो सकता है। और अन्तर्रात्मा की आवाज़ की आज्ञा के पालन से बढ़कर दूसरा कौन-सा कर्तव्य हो सकता है? अपनी अन्तर्रात्मा की आवाज़ पर ही लगभग 2500 वर्ष पूर्व महान यूनानी दार्शनिक सुकरात ने, मानवीय सत्ता और उसकी सर्वोच्चता को अस्वीकार करते हुए इस सच्चाई के साथ कि 'मानवीय सत्ता को अन्तर्रात्मा की सर्वोच्च सत्ता के समक्ष झुकना ही चाहिए' अपने जीवन का बलिदान कर डाला था। गाँधी के उक्त वक्तव्य ने मजिस्ट्रेट को स्तब्ध कर दिया; उसने निर्णय को स्थगित कर दिया। उपरान्त मुकदमें से सम्बन्धित सारी कार्यवाही वापस ले ली गई। गाँधी रातों-रात किसानों, व पूरे क्षेत्र में भी, सुप्रसिद्ध हो गए। चम्पारन की जनता ने यह महसूस किया कि गाँधी के प्रयासों व उनके पुण्य से भरे कार्यों के चलते वर्षों से बनी हुई उनकी दासता अब मिट जाएगी।

अब जनता के एक सच्चे मित्र की भाँति गाँधी ने स्वतंत्र रूप से

जाँच-कार्य प्रारम्भ किया। बलात् श्रम सहित, किसानों पर किए जाने वाले अत्याचारों व उनकी कठिनाइयों, उनके कारणों आदि सभी बातों के सम्बन्ध में गाँधी ने साक्ष्य इकट्ठा करने प्रारम्भ किए, और साक्षात्कार भी लिए। दूसरी ओर सरकार ने भी एक जाँच-समिति गठित की और गाँधी को उसका एक सदस्य बनाया। जाँच के आधार पर और एकत्रित किए गए साक्ष्यों की रोशनी में, गाँधी द्वारा लिए किसानों के वक्तव्यों और प्राप्त व उपलब्ध विवरण से किसान वर्ग की कठिनाइयों और उन पर होने वाले अत्याचारों का खुलासा हुआ। गाँधी ने इस सन्दर्भ में कई सुझाव दिए और फिर जब अन्त में सरकार को आख्या सौंपी गई, तो उसमें गाँधी के सुझावों को योग्य स्थान दिया गया। परिणामस्वरूप तत्कालीन बिहार सरकार ने कानून बनाकर उक्त के सन्दर्भ में कई सुधारों की घोषणा की। यह सब अन्ततः गाँधी के उत्तरदायित्वपूर्ण कृत्य का परिणाम था; यहीं से वे महात्मा के रूप में विख्यात होने लगे।

विशेष बात यह रही कि गाँधी के चम्पारन में दिखाए गए साहस व अहिंसक प्रयासों, साथ ही मानवीय भी, के कारण भूमि के पट्टों पर स्वामित्व रखने वाले और नील की खेती के लिए किसानों को किराए पर भूमि देकर उनका शोषण करने वाले श्वेतों को एक वर्ष के भीतर ही अपना व्यवसाय बन्द करके अपने-अपने घरों को लौट जाना पड़ा था।

❖❖❖

2

खेड़ा सत्याग्रह

“एक वचन या प्रतिज्ञा, जो ईश्वर के नाम पर की गई हो, कभी भी भंग नहीं की जानी चाहिए। यदि हजारोंजन की प्रतिज्ञा को बनाए रखने के लिए आवश्यकता पड़े, तो मैं अपने जीवन का बलिदान करने से तनिक भी पीछे नहीं हटूँगा।”

–महात्मा गाँधी

एक ऐसे शक्तिशाली साम्राज्य से, जिसका सूर्य कभी अस्त ही नहीं होता हो, क्या हिंसा के बल पर भारत के लिए स्वाधीनता प्राप्त की जा सकती थी? गाँधी के अनुसार 'नहीं'। विपरीत इसके, सक्रिय अहिंसक मार्ग से, आत्मिक-शक्ति के साथ कठिनाइयों को सहते हुए और शत्रु का हृदय परिवर्तित करके सफलता प्राप्त करना सम्भव है; सदा ही ऐसी सम्भावना आगे भी रहेगी। गाँधी का यही दृढ़ विश्वास था। इसी दृढ़ विश्वास के साथ वे चम्पारन गए थे और पहली बार भारत में न्याय की स्थापना का उदाहरण वहाँ उन्होंने प्रस्तुत किया था। अपने अद्वितीय और सक्रिय सिद्धान्त के द्वारा जिसे चम्पारन के छोटे-से घटनाक्रम में उन्होंने व्यावहारिक रूप दिया, गाँधी ने भविष्य की अपनी योजना का स्पष्ट खुलासा भी कर दिया था।

चम्पारन की घटना ने पूरे देश में उत्साह का वातावरण बनाने का कार्य किया था; लेकिन गुजरात क्षेत्र तो उससे कुछ अधिक ही प्रभावित हुआ। उन्हीं दिनों अहमदाबाद नगर के मिल-मालिकों तथा श्रमिकों के बीच एक विवाद खड़ा हो गया था। वास्तव में श्रमिक अपनी दिन-प्रतिदिन की कठिनाइयों और समस्याओं से परेशान थे। बिहार से लौटने के बाद गाँधी से मिल-मालिकों और श्रमिकों के मध्य के विवाद को निपटाने का अनुरोध किया गया। गाँधी मध्यस्थ बन गए तथा उनके प्रयासों से दोनों के बीच समझौता हो गया। परिणामस्वरूप जो माँगे श्रमिकों ने रखी थीं, उनको भी पंच फैसले के लिए छोड़ दिया गया। फिर अन्ततः दोनों के सहयोग तथा समर्थन से सम्मानजनक व सभी पक्षों को मान्य समझौता हो गया। वह कार्य बहुत ही अनोखा था; सौहार्दमय ढंग से निपटाया गया था। यदि विवाद की स्थिति आ जाए,

तो उसे कैसे सुलझाएँ? गाँधी ने प्रथम बार उक्त मिल-मालिकों व श्रमिकों के बीच हुए फैसले से यह सुझाया; और इस सन्दर्भ में अपने विचार भी स्पष्टतः प्रकट किए। उन्होंने मिल-मालिकों को सम्पत्ति का ट्रस्टी घोषित किया, न कि उन्हें स्वामी माना। साथ-ही-साथ, श्रमिकों से सदैव ही विवाद या मतभेद की स्थिति में 'समझौतावादी दृष्टिकोण' अपनाने को कहा। उन्होंने यह परामर्श भी दिया कि जब अपने संघ या संगठन को वे आन्दोलन की राह पर ले जाएँ, उन्हें श्रमिक बन्धुओं के परिवारों के सामाजिक उत्थान में भी अपने को लगाना चाहिए।

गाँधी ने अहमदाबाद के उक्त घटनाक्रम में अच्छी भूमिका का निर्वाह किया और अभी वे तनिक सन्तोष की श्वाँस ले ही पाते कि एक और समस्या सामने आ खड़ी हुई। सामान्यतः अहमदाबाद और उसके निकटवर्ती क्षेत्रों, जैसे की खेड़ा जनपद में, 30 इंच वर्षा मानसून के दिनों में होती है। लेकिन 1917 के मानसून के दिनों वह 30 इंच के स्थान पर 70 इंच हुई। परिणामस्वरूप खेड़ा जनपद की सारी खड़ी फसल नष्ट हो गई। पशुओं तक के लिए चारे की समस्या आ गई।

आज तक भी ऐसा माना जाता है कि यदि वर्षा ऋतु में पानी अधिक पड़ जाए, तो 'रबी' की फसल अच्छी होगी। लेकिन खेड़ा जनपद के किसानों का दुर्भाग्य कि ऐसा नहीं हो सका, क्योंकि एक तो खड़ी फसल को कई प्रकार की बीमारियाँ लग गईं, और दूसरे चूहों के दलों ने उसे बर्बाद करने में कोई कसर बाकी नहीं रखी। इसलिए 'रबी' की फसल से भी किसानों को पूरी तरह हाथ धोना पड़ा। किसानों के लिए इस प्रकार पूरा वर्ष ही बेकार हो गया और उनके तथा आश्रितों के लिए गम्भीर समस्या उत्पन्न हो गई। फिर जो किसान गरीब थे, उनकी स्थिति तो अत्यन्त शोचनीय थी; उनके पास खाने को कुछ नहीं

था। ऐसी विकट स्थिति में वे कैसे और कहाँ से सरकार को भू-राजस्व चुकाते?

भू-राजस्व के सम्बन्ध में प्रथा यह थी कि "वार्षिक अनुमान के आधार पर, यदि फसल (रुपये में) छः आने से कम उत्पन्न हुई हो, तो आधा भू-राजस्व ही देय होगा; यदि (रुपये में) चार आने से कम रही हो, तो पूरे वर्ष की लगान उगाही स्थगित कर दी जाएगी। यही नहीं, यदि आने वाले वर्ष में भी कोई फसल न हुई हो, तो पूर्व में स्थगित किए गए भू-राजस्व को पूर्णतः माफ कर दिया जाएगा।"

सरकारी आकड़ों के अनुसार फसल चार आने से कम हुई थी। विपरीत इसके, किसानों के अनुसार वह उससे भी बहुत कम रही थी। दूसरे शब्दों में, किसानों के अनुसार वह लगभग न के बराबर रही थी। लेकिन सरकार और सरकारी अधिकारी किसानों की बात सुनने को तैयार नहीं थे। वे अपनी मर्जी के अनुसार ही, जाने या अनजाने में, स्थिति का निर्माण करना चाहते थे। उनका निजी हित ही सर्वोच्च था। अब किसानों को न्याय कैसे मिले? इस बात का निर्धारण कौन करे कि वे सच बोल रहे हैं?

न्याय प्राप्त करने के लिए किसानों ने तत्कालीन बम्बई सरकार और उसके आधीन अधिकारियों के द्वार खटखटाए। उन्होंने राजस्व परिषद के सदस्यों, मण्डलायुक्त फ्रेडरिक प्रेट और खेड़ा जनपद के जिला क्लेक्टर से गुहार लगाई। यही नहीं, उस समय की 'बम्बई विधान परिषद' के सदस्यों, विट्ठलभाई पटेल और गोकुलदास परीख से भी किसानों ने न्याय दिलाने का अनुरोध किया। दोनों, पटेल व परीख, मामले में उचित हस्तक्षेप करें, यह भी किसानों की इच्छा थी। लेकिन न्याय की फिर भी कोई निश्चित आशा नहीं थी।

व्यवस्थानुसार, भू-राजस्व की किश्त दिसम्बर के प्रथम सप्ताह में किसानों को चुकानी थी और उगाहीकर्ता कर्मचारी इस सम्बन्ध में तैयारी कर रहे थे। इन परिस्थितियों में विट्ठलभाई पटेल और गोकुलदास परीख ने हस्तक्षेप करते हुए खेड़ा के जिलाधिकारी से बात की। परिणामस्वरूप जिलाधिकारी स्काट्रसमैन ने मात्र 7.4 प्रतिशत भू-राजस्व की वसूली को स्थगित करने के निर्देश दिए और शेष की उगाही करने को कहा। इस प्रकार जिलाधिकारी ने अपनी मनमानी की और रुपये में चार आने या छः आने की व्यवस्था को ताक पर रख दिया। तदोपरान्त अधीन कर्मचारी मनमानी पर उतर आए और वे बलपूर्वक भू-राजस्व की उगाही करने लगे।

1917 में जब गाँधी चम्पारन में थे, तो खेड़ा से सम्बन्धित उक्त सूचनाएँ उन्हें वहाँ भेजी जाती थीं। सूचनाएँ भेजने का कार्य गुजरात सभा करती थी, जिसके वे स्वयं अध्यक्ष थे। बिहार से खेड़ा जनपद के किसानों को निरन्तर सन्देश भेजते हुए गाँधी उन्हें सत्य के मार्ग पर डटे रहने, धैर्य रखने, शालीनता बरतने और बुद्धिमत्ता से काम लेने की बात करते थे। गुजरात से गाँधी की अनुपस्थिति में गुजरात सभा के अन्य पदाधिकारी, जैसे कि वल्लभभाई पटेल, गणेश वासुदेव मावलंकर और कृष्णलाल देसाई कई रूपों में किसान-वर्ग की सहायता करते थे। अपनी बिहार से वापसी के तुरन्त बाद गाँधी ने स्वयं बम्बई के तत्कालीन राज्यपाल विलिंडन से भेंट की और किसानों के लिए उनसे न्याय माँगा। गाँधी ने उनसे एक जाँच समिति गठित करने का अनुरोध किया जो मामले की निष्पक्षता से आख्या दे। लेकिन फिर भी सरकार की ओर से कोई सन्तोषजनक और न्यायपूर्ण कार्यवाही नहीं हुई।

गाँधी 6 फरवरी, 1918 को अहमदाबाद पहुँचे; सबसे पहले,

जैसा कि उल्लेख किया है, उन्होंने अहमदाबाद के मिल-मालिकों और श्रमिकों के मध्य के विवाद में मध्यस्थता की और दोनों पक्षों में सहमति एवं सहयोग से अच्छा समझौता करा दिया। इसके उपरान्त उन्होंने अपना पूरा ध्यान खेड़ा के किसानों की समस्या की ओर लगाया और इसी क्रम में उन्होंने सहायतार्थ वल्लभभाई पटेल[1] का अपने प्रथम सहायक के रूप में चयन किया। इसके बाद उन्होंने नड़ियाद[2] के लिए प्रस्थान किया, और नड़ियाद पहुँचकर एक दल का चयन कर उसे खेड़ा के कई ग्रामों में भेजा। उस दल में सुलझे हुए और समर्पित कार्यकर्ता थे। उस दल का मुख्य काम था स्थिति का वास्तविक अवलोकन करना और 16 फरवरी से 9 मार्च, 1918 के मध्य के अल्प समय में किसान-वर्ग से पूरा सम्पर्क करके, व उसकी कठिनाइयों की जानकारी इकट्ठा करके अपनी आख्या देना। यह कार्य इस प्रकार मात्र 23 दिनों में पूरा किया जाना था। यही नहीं, स्वयं गाँधी ने वल्लभभाई के साथ मिलकर जाँच का कार्य प्रारम्भ किया; इस क्रम में वे दोनों ऊबड़-खाबड़, कच्चे रास्तों से 30-30 ग्रामों में गए।

सूक्ष्म ढंग से की गई जाँच और किसानों से लिए गए वक्तव्यों से परिणाम सामने आया कि किसानों की बात सत्य है, जबकि सरकार व उसके अधीनस्थों का पक्ष असत्य है। इस स्थिति में, किसानों को, जो सच्चे थे, झूठा कहने वालों की वास्तविकता को सिद्ध करने, और किसानों को न्याय दिलाने की गाँधी ने घोषणा की। अपने निर्णय के अनुसार उन्होंने पुनः खेड़ा जाने की बात भी की, परन्तु इससे पहले 20 मार्च, 1918 को उन्होंने मण्डलायुक्त को एक पत्र लिखा। पत्र में अपने अन्तिम अनुरोध के तौर पर गाँधी ने मण्डलायुक्त से कहा कि किसानों से वसूली जाने वाली भू-राजस्व की दूसरी किश्त को स्थगित

कर दिया जाए। लेकिन मण्डलायुक्त द्वारा उनके अनुरोध को स्वीकार न किए जाने के उपरान्त अन्ततः 22 मार्च, 1918 को गाँधी ने खेड़ा सत्याग्रह प्रारम्भ करने की घोषणा की। इस सन्दर्भ में उक्त तिथि को नड़ियाद में एकत्रित चार हजार किसानों की सभा में गाँधी ने कहा, "वास्तव में लगान की अदायगी फसल के विक्रय-मूल्य के आधार पर होनी चाहिए; यदि फसल नष्ट हो जाती है, तो फिर भी सरकार बलपूर्वक वसूली करे, यह बात सहन नहीं की जा सकती। लेकिन हमारे देश में तो यह प्रथा बन गई है। जनता कितनी भी सच्ची हो, उसका पक्ष कितना भी वास्तविक हो, सरकार उसकी बात न मानकर, अपनी मनमानी ही करती है। न्याय मिलना चाहिए, और अन्याय का अन्त होना ही चाहिए... 'जनता, जो केवल लगान स्थगित करने की माँग कर रही है, क्या वह एक वर्ष की बचत के लिए झूठ बोलेगी?' यह मानना ही गलत है। यह हम सबका अपमान है कि सरकार ऐसा समझती है। इसलिए मैं आपसे कहूँगा कि यदि सरकार हमारे निवेदन को ठुकराती है, तो हमें स्पष्टतः घोषणा कर देनी चाहिए कि हम भू-राजस्व अदा नहीं करेंगे, और (इस हेतु) किसी भी प्रकार के परिणाम भुगतने को तैयार रहेंगे।" गाँधी ने आगे यह भी कहाः

"हमें स्मरण रखना चाहिए, जो स्थिति हमारे समक्ष आ सकती है उसमें सरकार भू-राजस्व उगाही के बदले हमारे पशुओं और अचल सम्पत्ति को बेच सकती है, हमारी भूमि को जब्त कर सकती है, और कानून की अवज्ञा के आरोप में हमें जेल भी भेज सकती है। मैं (तो भी) कानून की अवज्ञा के आरोप को पसन्द नहीं करता हूँ। उन्हें क्या अधिकार है कि वे आपको कानून की अवज्ञा करने वाला बताएँ? क्या केवल इसलिए कि आप सत्य बोलते हैं? निश्चिततः आप वीर हैं, और

कानून तोड़ने वाले नहीं हैं। अपने दीन साथी की सहायता करना वीरता भरा कार्य है, और सिद्धान्त की खातिर 'कि यदि फसल नहीं तो भू-राजस्व भी नहीं', लगान देने से मना करना भी, भले ही आपके पास धन हो, गलत नहीं है।"

गाँधी आमजन की मानसिकता से परिचित थे। जनता में हर तरह के लोग होते हैं। वे यह सब कुछ जानते थे। इसलिए जनता से वचनबद्ध होकर आगे बढ़ने का आह्वान करते हुए गाँधी ने कहा था, "जनता वचन देकर उसे भंग करे, मैं ऐसा सोच नहीं सकता। मुझे भारी पीड़ा होगी यदि आप कोई ऐसी प्रतिज्ञा करें, जिसे बाद में पूरा न कर सकें; और ऐसी स्थिति आ जाए, तो निश्चित रूप में मुझे उपवास करना होगा। लेकिन इसकी मुझे उतनी चिन्ता नहीं; मुझे चिन्ता होगी, दुख होगा, यदि जनता वचन भंग करेगी। सत्याग्रह में सबसे महत्त्वपूर्ण बात वचन का पालन करना होता है, और हर स्थिति में अपनी बात का सम्मान करना होता है। एक वचन या प्रतिज्ञा, जो ईश्वर के नाम पर की गई हो, कभी भी भंग नहीं की जानी चाहिए। यदि हजारोंजन की प्रतिज्ञा को बनाए रखने के लिए आवश्यकता पड़े, तो मैं अपने जीवन का बलिदान करने से तनिक भी पीछे नहीं हटूँगा। जनता प्रतिज्ञा न करे, तो मुझे बुरा नहीं लगेगा; लेकिन एक बार वह ऐसा करे, तो मैं चाहूँगा कि वह उसे भंग करने की अपेक्षा मेरा गला ही काट ले। जो व्यक्ति मेरा गला काटे, उसके लिए मैं ईश्वर से क्षमा की प्रार्थना करूँगा, लेकिन जो वचन को भंग करे, उसके लिए दया या क्षमा के लिए मैं बिल्कुल नहीं कहूँगा। इसलिए आप जो कुछ भी तय करें, वह पूर्णतः विचार करके ही करें। केवल वे, जो अपने निर्णय को ध्येय तक पहुँचाने को दृढ़ होते हैं, विजय पाते हैं। ऐसे ही लोगों का अन्ततः

आदर सरकार भी करती है, क्योंकि वह जानती है कि वह ऐसे लोगों से वास्ता रखती है, जो अपने वचन के पक्के हैं। एक वह, जो अपने वचन से मुकरता है, देश के किसी काम का नहीं है, न ही वह सरकार के काम का है, तथा अन्ततः न ही ईश्वर के काम का है।"[3]

सत्याग्रह के पहले ही दिन लगभग 200 सत्याग्रहियों ने प्रतिज्ञा-पत्रों पर अपने हस्ताक्षर किए।[4] उपरान्त यह संख्या निरन्तर बढ़ी। अप्रैल, 1918 के मध्य तक 2337 सत्याग्रही हो गए। किसानों ने वीरता का परिचय दिया। अपने पशु, दैनिक उपयोग की वस्तुओं, स्त्रियों के आभूषणों आदि को सार्वजनिक रूप से उन्होंने नीलाम होने दिया। लेकिन गाँधी द्वारा छेड़ा गया सत्याग्रह सफल हुआ, भले ही आंशिक रूप में। स्वयं गाँधी के शब्दों में, "मुख्य बात किसानों का भय दूर करना था; उन्हें यह बताकर कि अधिकारी जनता के स्वामी नहीं, अपितु नौकर हैं, तब तक कि जब तक वे कर भुगतानकर्ताओं (के 'करो') के बल पर अपने वेतन पाते हैं...।"[5]

वास्तव में जब अधिकारियों का भय जाता रहा, तो लोग दृढ़ हो गए और सत्य के अपने पक्ष पर डट गए। वे निडर बने और वह भी अहिंसक गतिविधियों के बल पर। और इस प्रकार वे अहिंसक सत्याग्रह के इतिहास में सारे देश का आदर्श बने। भारत में इस सत्याग्रह के माध्यम से पहली बार जनता के हृदयों से जेल का भय भी जाता रहा, जो अति उल्लेखनीय बात थी।

अपनी फसल को नष्ट करने के आरोप में सबसे पहले मोहनलाल पण्डया तथा चार अन्यों को जेल भेजा गया। यद्यपि कोई स्वयं अपनी फसल को नष्ट करे, तो कानून की दृष्टि में वह कोई अपराध नहीं था, और यदि पण्डया व उनके साथी अपील करते तो वे निश्चित रूप से

छूट जाते, लेकिन उन्होंने अपील ही नहीं की। उन्होंने निडर होकर कारावास सहन किया।

खेड़ा सत्याग्रह की एक उपलब्धि यह भी थी कि उसके माध्यम से गाँधी ऐसे सत्याग्रहियों के श्रेष्ठ दल के सम्पर्क में आए, जिसने सत्याग्रह के सिद्धान्त को भविष्य में श्रेष्ठतम् व्यवहार प्रदान किया। उन सत्याग्रहियों में से कई भारतभर में प्रसिद्ध भी हुए; यद्यपि उनमें श्री वल्लभभाई पटेल अद्वितीय रहे, जैसा कि बाद में हुए कई सत्याग्रहों, विशेषतः बारडोली किसान सत्याग्रह से सिद्ध है। पटेल के अतिरिक्त कुछ और मुख्य सत्याग्रही जो उस समय सामने आए, उनमें थे शंकरलाल बैंकर, इन्दुलाल याज्ञनिक और अनसुयाबेन। मोहनलाल पण्डया के बारे में तो हम चर्चा कर ही चुके हैं।

खेड़ा सत्याग्रह का प्रारम्भ 22 मार्च, 1918 को हुआ और वह 3 जून, 1918 को अपनी सफलता के दिन तक जारी रहा था। 3 जून को गाँधी नड़ियाद पहुँचे ही थे कि क्षेत्र के तहसीलदार उनके डेरे पर आ गए। दोनों के बीच संक्षिप्त वार्तालाप हुआ; परिणामस्वरूप तहसीलदार ने प्रस्ताव किया कि यदि वे किसान, जो अच्छी आर्थिक स्थिति वाले हैं, अपना भू-राजस्व अदा कर देते हैं, तो गरीब किसानों के लगान को स्थगित कर दिया जाएगा। गाँधी ने तहसीलदार से अपने कथन को लिखित में देने को कहा और उन्होंने ऐसा कर दिया। लेकिन तहसीलदार तो किसी वचन को अपने अधिकार वाले क्षेत्र के सम्बन्ध में ही दे सकते थे, और समस्या पूरे खेड़ा जनपद से जुड़ी थी, जिसके लिए कोई आदेश जिलाधिकारी स्तर से ही दिया जा सकता था। इसलिए तहसीलदार के लिखित प्रस्ताव के तुरन्त बाद गाँधी ने जिलाधिकारी से सम्पर्क किया और उनसे यह अनुरोध किया कि इसी

तरह के प्रस्ताव की पूरे जनपद के लिए व्यवस्था करें। जिलाधिकारी सहमत हो गए; भू-राजस्व की उगाही स्थगित हो गई। इस प्रकार आंशिक रूप से ही सही, एक सीमा तक सत्याग्रह को सफलता मिली।

जिस प्रकार मैं पहले ही कह चुका हूँ, जनता और मुख्यतः किसान-वर्ग खेड़ा सत्याग्रह के माध्यम से निडर हो गया। उसने अपनी शक्ति को पहचाना। एकता और बलिदान का परिणाम क्या होता है? यह बात किसान-वर्ग जान सका। लोगों को भी सामान्यतः यह भान हो सका कि उनकी मुक्ति स्वयं उन्हीं के हाथ में है। और फिर जैसा कि संकेत किया है, यहीं से भविष्य में सत्याग्रह-कार्यक्रम को आगे बढ़ाने के लिए एक दल तैयार हुआ। यही नहीं, महात्मा गाँधी ने दो और उपलब्धियों को खेड़ा सत्याग्रह से स्वीकार कियाः

"(क) खेड़ा सत्याग्रह के माध्यम से सम्पूर्ण गुजरात के किसानों में जाग्रति का श्री गणेश हुआ; और (ख) शिक्षित जन-सेवकों या कार्यकर्ताओं ने किसान वर्ग के वास्तविक जीवन से सम्पर्क किया और उन्होंने किसानों से एकाकार किया...।"[6]

❖❖❖

3

असहयोग आन्दोलन

“जिनके द्वारा सत्याग्रह की आशा रखी जाती है, वे यदि शान्ति का पालन न करें, तो निश्चित है कि सत्याग्रह कभी नहीं हो सकता। मेरा मानना है कि सत्याग्रह को नेतृत्व प्रदान करने वालों को चाहिए कि वे न्यूनतम् आवश्यक अहिंसा के भीतर लोगों को मर्यादित रखें...।”

–महात्मा गाँधी

गाँधी बहुत ही क्षमतावान व्यक्तित्व के स्वामी थे। 1917 से 1947 के मध्य का समय, जो कि भारत के स्वाधीनता संग्राम का स्वर्णकाल भी है, बार-बार पुष्टि करता है कि गाँधी ने परिणामों की चिन्ता किए बिना अपने कार्यों को दृढ़तापूर्वक आगे बढ़ाया। अपनी प्रतिज्ञा के पालनार्थ उन्होंने अपने जीवन को दाव पर लगाने का कार्य भी किया। जब कभी भी सत्य उनके मस्तिष्क में उभरा, वे तुरन्त सही दिशा में अपने कर्तव्य को पूर्ण करने हेतु निकल पड़े। उन्होंने पूर्णतः आत्मविश्वास बनाए रखा। भले ही वे अकेले रह गए हों, उन्होंने अपने मार्ग को अवरुद्ध करने वाले, किसी भी व्यक्ति या व्यक्ति-समूह की चिन्ता नहीं की; किसी शक्तिशाली सत्ता के समक्ष वे नहीं झुके।

दो विशेष घटनाएँ, जो बिहार में चम्पारन और गुजरात में खेड़ा जनपद में घटित हुईं, के उपरान्त भारत की राजनीति और प्रमुख राजनीतिक दल, काँग्रेस, जो 1885 में अस्तित्व में आया था, महात्मा गाँधी की जैसे परिक्रमा करने लगे। उपरान्त दोनों उनके पदचिह्नों पर चलने लगे, सभी इस बात को जानते हैं। इसी समय परिपक्व नेतृत्वकर्ताओं का एक दल गाँधी की छत्रछाया में कार्य करने के उद्देश्य से आगे आया। वह दल पूरे भारत, कश्मीर से कन्याकुमारी तक की भूमि का प्रतिनिधित्व करता था। उपरान्त यही दल भारत के भाग्य का निर्माता बना। सरदार वल्लभभाई पटेल, पण्डित जवाहरलाल नेहरू, सरोजिनी नायडू, डॉ० राजेन्द्र प्रसाद, चक्रवर्ती राजगोपालाचारी, अली बन्धु-मुहम्मद अली और शौकत अली, नेताजी सुभाषचन्द्र बोस, खान अब्दुल गफ्फार खान, आचार्य कृपलानी, मौलाना अबुल कलाम आज़ाद,

गोविन्द बल्लभ पन्त और जयरामदास दौलतराम जैसे नेता उस दल के सदस्य थे।

यह सब जानते हैं कि प्रथम विश्वयुद्ध 1914 में आरम्भ हुआ और 1918 में उसकी समाप्ति हुई। भारत पर इस युद्ध का गहरा प्रभाव पड़ा था। आर्थिक स्थिति बुरी तरह प्रभावित हुई थी। यही नहीं, उसी वर्ष और उसके बाद के समय में भी प्राकृतिक आपदाओं के कारण देश की स्थिति और अधिक शोचनीय और दयनीय हो गई थी।[7] फिर भी गाँधी ने प्रथम विश्वयुद्ध के दौरान अंग्रेजों की सहायता की थी। विशेष रूप में ब्रिटिश सेना में भारतीयों की भर्ती के कार्य में उन्होंने सहयोग दिया था। ब्रिटिश शासकों से उदार रवैये की गाँधी आशा रखते थे। स्वयं अंग्रेजों ने प्रथम विश्वयुद्ध की समाप्ति पर भारतीयों के भविष्य हेतु कुछ ठोस कदम उठाने का वचन दिया था। लेकिन युद्ध की समाप्ति के कुछ ही समयोपरान्त प्रतीत होने लगा कि भारतीय जनता के प्रति ब्रिटिशजन के दृष्टिकोण में कोई परिवर्तन नहीं है।

भारत अब एक नई दिशा में प्रस्थान करने को तैयार था। ब्रिटिश अधिकारी भयभीत थे। 'भारत रक्षा अधिनियम' अभी विचारणीय था। इसके अतिरिक्त, साम्राज्यवादी सरकार ने 'रोलेट कमीशन'[8] की नियुक्ति की, जिसका उद्‌देश्य यह सुझाव देना था कि भारतीयों द्वारा खड़ी की जाने वाली किसी समस्या से निपटने हेतु क्या उपाय किए जाएँ? कमीशन ने अपनी आख्या सौंपी और उसमें संस्तुति की कि युद्ध के समय जिन कठोर और दमनकारी प्रावधानों की व्यवस्था की गई थी, उन्हें 'भारत रक्षा अधिनियम' में स्थाई रूप में सम्मिलित किया जाए।[9] गाँधी सहित सारे देशवासियों को इस संस्तुति से गहरा झटका लगा।

उन्होंने अधिनियम से जुड़े दो विधेयकों का विरोध किया; लेकिन गाँधी और भारतवासियों की कोई चिन्ता किए बिना सरकार द्वारा क्रमशः 6 और 8 फरवरी, 1919 को दोनों विधेयकों को 'इम्पीरियल लेजिस्लेटिव कोंसिल' से पारित करा लिया गया। लेकिन अभी वे कानून में नहीं बदले थे।

इस समय गाँधी का स्वास्थ्य ठीक नहीं था और सरकार के प्रति उनका विश्वास जाता रहा था। इसलिए उन्होंने अपने स्वास्थ्य की चिन्ता किए बिना कुछ ठोस रूप में करने का निश्चय किया। वे सरकार की चालाकी भरी कूटनीति को समझ गए। उन्होंने सत्याग्रह से सम्बन्धित एक घोषणा-पत्र तैयार किया[10] और उस पर 20 लोगों, वल्लभभाई पटेल, सरोजिनी नायडू, शंकरलाल बैंकर, बी० जी० हार्निमैन, इन्दुलाल याज्ञनिक, उमर सोबानी और अनसुयाबेन आदि ने हस्ताक्षर किए। तुरन्त ही स्वयं गाँधी की अध्यक्षता में 'सत्याग्रह-सभा' का गठन किया गया।

अब गाँधी किस तरह का सत्याग्रह कार्यक्रम प्रस्तुत करेंगे, भारत की जनता इस प्रतीक्षा में थी। गहरी सोच के बाद गाँधी ने 'उपवास' और 'हड़ताल' के माध्यम से सत्याग्रह प्रारम्भ करने का जनता का आह्वान किया। वे आत्मशुद्धि के साथ कार्यक्रम को प्रारम्भ करना चाहते थे। सामान्यतः हिन्दू 36 घण्टे तक और मुसलमान रमजान के दिनों में प्रातःकाल से संध्या तक उपवास रख सकते हैं। उन्होंने इसीलिए बीच का रास्ता चुना और 24 घण्टे के राष्ट्रीय उपवास की घोषणा की। इस सन्दर्भ में मद्रास पहुँचकर गाँधी ने देशभर में सूचनाएँ भेजनी प्रारम्भ कीं और पहले यह तय किया कि 30 मार्च, 1919 हड़ताल का दिन होगा। लेकिन तैयारी का समय बहुत कम था, पूरे

देश को कार्यक्रम से सम्बन्धित सूचनाएँ देना सम्भव नहीं था, इसलिए तिथि को बदलकर 6 अप्रैल, 1919 कर दिया गया। चूँकि परिवर्तित तिथि की सूचना स्वयं दिल्ली में समय रहते नहीं पहुँच सकी, इसलिए वहाँ पहले घोषित तिथि को ही अभूतपूर्व हड़ताल हुई। वह सफल हड़ताल थी; दिल्ली में सामान्य जीवन अस्त-व्यस्त हो गया। दोनों प्रमुख धर्म सम्प्रदायों- हिन्दू और मुसलमान- से जुड़े लोगों ने हड़ताल में भागीदारी की। स्वामी श्रद्धानन्द और हकीम अजमल खान ने जुलूस का नेतृत्व किया। सरकार को स्तब्ध कर दिया, जिसके परिणामस्वरूप उसने हिंसक गतिविधियों का सहारा लिया; लाठी चार्ज हुईं, फायरिंग हुईं, अनेक लोग घायल हुए, जबकि कुछ मारे भी गए।

6 अप्रैल, 1919 को सारे देश से गाँधी की पुकार को अच्छा उत्तर मिला। शान्तिपूर्वक प्रदर्शनों, सभाओं और धरनों के साथ ही उपवास का कार्यक्रम चला और अहमदाबाद जैसे बड़े नगर में तो वह बड़े पैमाने पर हुआ। निःसन्देह वह कार्य एक सक्षम और परिपक्व नेतृत्व में तथा पवित्र ढंग से, जो कि अहिंसा की परिधि में था, जनता को जागृत करने में न्यूनाधिक सफल हुआ; यद्यपि वह सरकार के दमनकारी व अन्यायी उपायों के विरुद्ध जनविद्रोह भी था। सरकार ने उसे चुनौती के रूप में लिया और बल प्रयोग किया, पहले दिल्ली में और उसके बाद पंजाब में। खुलेआम गोली चलाने के आदेश दिए गए, जिससे गाँधी पुनः व्याकुल हो उठे। विशेषकर दिल्ली में किए गए बल प्रयोग से वे बहुत दुखी थे।

गाँधी पंजाब की स्थिति से चिन्तित भी थे। वहाँ स्थिति विस्फोटक थी। उसका मौके पर अवलोकन करने के उद्देश्य से उन्होंने मुम्बई से पंजाब को प्रस्थान किया। लेकिन मार्ग में ही 9 अप्रैल, 1919 को उन्हें

बन्दी बनाया गया और फिर वापस मुम्बई भेज दिया गया।[11] जैसे ही उनकी गिरफ्तारी का समाचार फैला, अमृतसर, अहमदाबाद, लाहौर और वीरमगाँव जैसे नगरों में दंगे भड़क उठे। जनता हिंसा पर उतारू हो गई। इससे गाँधी को और दुख हुआ। वे अहमदाबाद आए और वहीं से अपनी पूर्व की घोषणा को उन्होंने वापस ले लिया। ऐसा करते समय गाँधी ने जनता की अहिंसा के आधार पर संघर्ष करने की क्षमता के बारे में अपने गलत अनुमान को हिमालय के समान भारी भूल भी माना। इस सन्दर्भ में अपनी आत्मकथा में गाँधी लिखते हैं, "... जिन लोगों में कार्य किया गया है, जिनके द्वारा सत्याग्रह की आशा रखी जाती है, वे यदि शान्ति का पालन न करें, तो निश्चित है कि सत्याग्रह कभी नहीं हो सकता। मेरा मानना है कि सत्याग्रह को नेतृत्व प्रदान करने वालों को चाहिए कि वे न्यूनतम् आवश्यक अहिंसा के भीतर लोगों को मर्यादित रखें...।"

फिर भी गाँधी जनता को नियंत्रित नहीं रख सके। विशेष रूप से पंजाब की स्थिति गम्भीर बनी हुई थी, जहाँ 10 अप्रैल, 1919 को प्रसिद्ध नेताओं डॉ० सत्यपाल, सैफुद्दीन किचलू और रामभजदत्त चौधरी को गिरफ्तार कर लिया गया था। परिणामस्वरूप पंजाब को 'मार्शल ला' के अन्तर्गत लाया गया; पंजाब के कई स्थानों पर निहत्थे व शान्तिपूर्वक ढंग से प्रदर्शनकर्ता लोगों पर गोलियाँ चलाई गईं, जिसमें अनेक लोग मारे गए। परिणामस्वरूप जनता अपना आपा खो बैठी और इसी कारण कुछ अंग्रेज अधिकारियों की हत्या भी हो गई। लेकिन क्रूरतम् और जघन्य घटना 13 अप्रैल, 1919 को अमृतसर में स्वर्ण मन्दिर के निकट के जलियांवाला बाग में हुई, जहाँ बैसाखी पर्व के अवसर पर एकत्रित भीड़ पर माइकल ओ'डायर ने गोलियाँ चलाने के

आदेश दे दिए। वहाँ एकत्रित लोग शान्तिपूर्वक सभा कर रहे थे और डायर ने बिना कोई चेतावनी दिए ही अन्धा-धुन्ध गोलियाँ चलाने का आदेश देकर अमानवीयता की सारी सीमाएँ लाँघ दीं। गोलियों से अनेक मासूमजन मारे गए।

लगभग 24 हजार लोग, जिनमें स्त्रियाँ और बालक भी थे, जलियाँवाला बाग के बड़े मैदान में एकत्रित हुए थे। बाग के चारों ओर ऊँची-ऊँची इमारते थीं और बाग में प्रवेश के लिए एक ही सँकरा मार्ग था। आज भी वह मार्ग ज्यों-का-त्यों है। एकत्रित लोगों के पास कोई हथियार नहीं था। धारा 144 लागू थी, लेकिन जनता को उसका पता ही नहीं था। डायर ने सशस्त्र सैनिकों के साथ अचानक उसी सँकरे मार्ग से प्रवेश किया, जनता को भाग जाने की कोई चेतावनी नहीं दी और हिंसा का नंगा नाच करवाया। लगभग 1600 राउण्ड गोलियाँ चलाई गईं। सरकारी आंकड़ों के अनुसार 379 लोग मौके पर ही मारे गए और 100 के लगभग गम्भीर रूप से घायल हुए। इतना ही नहीं, सम्पूर्ण पंजाब में 'मार्शल ला' को आधार बनाकर जनता पर अत्याचार किए गए; उन्हें यातनाएँ दी गईं। छात्र हों या किसान, व्यापारी हो या श्रमिक अथवा कोई और, सभी अत्याचार की चपेट में आए।

इस भयभीत कर देने वाली घटना ने पूरे देश में क्रोध की ज्वाला भड़काई। हर क्षेत्र में लोग क्रोध और प्रतिशोध की भावना से भरे हुए थे। चारों ओर सरकार के अत्याचार के प्रति घृणा का वातावरण था। उक्त घटना के विरोध में रवीन्द्रनाथ टैगोर ने अपनी 'सर' की उपाधि लौटा दी। गाँधी ने अपना 'चन्द्रक' अंग्रेजों को वापस कर दिया। देश में अपने विरुद्ध बन गई विकराल स्थिति को भाँपकर अंग्रेज सरकार ने पंजाब के घटनाक्रम की जाँच के लिए 'हण्टर-आयोग' की नियुक्ति

की। इसका उद्देश्य यह भी था कि गाँधी, कांग्रेस और गुस्साए राष्ट्र को ठंडा किया जा सके, ऐसा करके उनकी सहानुभूति पाई जा सके। लेकिन यह क्या? 'हण्टर-आयोग' ने अपनी आख्या में डायर के कदम को उचित ठहराया। गाँधी के लिए इसे सहन कर पाना सम्भव नहीं था। अभी भी उनका स्वास्थ्य पूर्णतः ठीक नहीं था। डॉक्टरों और शुभचिन्तकों ने उन्हें पूर्णतः विश्राम करने का परामर्श दिया था। लेकिन विश्राम करने के स्थान पर उन्होंने घटनाक्रम के मध्य ही बड़े पैमाने पर असहयोग आन्दोलन आरम्भ करने का निर्णय लिया।

II

गाँधी के उक्त निर्णय के दौरान ही देश के मुसलमान अंग्रेजों से बहुत नाराज़ थे। नाराज़गी का कारण था अंग्रेजों का टर्की और उसके सुलतान के प्रति अपनाया जा रहा दृष्टिकोण। टर्की, जो उस समय संसार का सबसे बड़ा मुस्लिम राज्य था, प्रथम विश्वयुद्ध में अंग्रेजों और उनके सहयोगियों द्वारा परास्त हो गया था। परिणामस्वरूप, टर्की के संरक्षण में जो अरब-क्षेत्र के पवित्र मुस्लिम स्थान थे, उन पर से उसका वह संरक्षण अंग्रेजों ने समाप्त कर दिया। टर्की का शासक मुस्लिम जगत के लिए खलीफा के समान था। इसलिए उसकी सत्ता को अंग्रेजों की चुनौती मुसलमानों की दृष्टि में सारे ही मुस्लिमों के लिए चुनौती थी; वह कार्य उन्हें लज्जित करने के बराबर था, उनकी प्रतिष्ठा को घटाने वाला था।

यहाँ इस बात का उल्लेख करना भी अप्रासंगिक नहीं होगा कि उस समय के कई प्रसिद्ध मुस्लिम नेताओं, जैसे कि भारत से मौलाना मुहम्मद अली ने, टर्की के शासक, ख़लीफा, की स्थिति को बनाए रखने के लिए पूर्ण प्रयास किए। इस उद्देश्य के लिए एक प्रतिनिधि मण्डल

लन्दन भी गया था, जिसने टर्की के सम्बन्ध में यथास्थिति बनाए रखने के उस आश्वासन के बारे में ब्रिटिश अधिकारियों को स्मरण कराया कि जो तत्कालीन प्रधानमंत्री जार्ज ने दिया था।[12] लेकिन सब कुछ अनदेखा करके अंग्रेजों ने टर्की के सम्बन्ध में स्थिति को परिवर्तित कर दिया। अब न केवल अरब ही, अपितु यूनान और फिलीस्तीन के सम्बन्ध में भी खलीफा और टर्की की स्थिति बदल गई थी। मक्का और मदीना के पवित्र धार्मिक स्थल भी अंग्रेजों के संरक्षण में आ गए। यही कारण था कि मुसलमान क्रोधित थे और उन्होंने अंग्रेजों के उक्त कदम का विरोध करने के उद्देश्य से 'खिलाफत-कॉंफ्रेंस' का गठन किया था। कॉंफ्रेंस की पहली बैठक जुलाई, 1920 में सिन्ध में हुई थी, जिसमें गाँधी भी उपस्थित रहे थे।

निश्चित रूप से गाँधी सदा ही दो प्रमुख धर्म-सम्प्रदायों- हिन्दू एवं मुस्लिम- के अनुयाइयों के मध्य सहयोग के पक्षधर रहे थे। विशेष रूप से वे इसी सहयोग के आधार पर उपमहाद्वीप के उज्ज्वल भविष्य का स्वप्न देखते थे। इसलिए खिलाफत के प्रश्न को अपना मानते हुए उन्होंने हिन्दुओं से मुसलमानों को सहयोग देने का अनुरोध किया। इस सम्बन्ध में देश के कई भागों का उन्होंने दौरा किया तथा देशवासियों के उत्तर से ऐसा संकेत पाया कि जिसमें 30 करोड़ हिन्दुस्तानी (23 करोड़ हिन्दू और 7 करोड़ मुसलमान) अपनी मातृभूमि की बेड़ियों को काटने के लिए संघर्ष करेंगे। इसी सन्दर्भ में विशेष रूप में हिन्दुओं का आह्वान करते हुए गाँधी ने कहा था, "मुसलमानों के लिए उन्हें आगे आना ही चाहिए और सरकार को किसी भी तरह का सहयोग नहीं देना चाहिए...।"[13]

अपनी योजना के अनुसार अब 'असहयोग और खिलाफत

आन्दोलन' छेड़ने का जनता का आह्वान करते हुए 28 जुलाई, 1920 को गाँधी ने कहा, "आन्दोलन 1 अगस्त (1920) से प्रारम्भ होगा; प्रार्थना और उपवास उसके प्रथम चरण होंगे। स्वदेशी की भावना रहेगी... और समस्त गतिविधियों को रोक दिया जाएगा।" प्रथम पंक्ति के मुस्लिम नेता जैसे कि मुहम्मद अली, शौकत अली, अजमल खान, मुख्तार अहमद अंसारी आदि आगे आए। बाल गंगाधर तिलक ने आन्दोलन को अपने पूरे सहयोग की घोषणा की,[14] यद्यपि यह दुर्भाग्यपूर्ण था कि आन्दोलन प्रारम्भ होने की पूर्व संध्या में, अर्थात 31 जुलाई, 1920 को उनका देहान्त हो गया।

1 अगस्त, 1920 को असहयोग और खिलाफत आन्दोलन प्रारम्भ हुआ। शीघ्र ही इसने राष्ट्रव्यापी स्वरूप पा लिया। तो भी आन्दोलन को भारतीय राष्ट्रीय काँग्रेस की विधिवत् स्वीकृति मिलना अभी शेष था। अर्थात आन्दोलन को गाँधी द्वारा अपने निकटतम् साथियों और मुस्लिम नेताओं के सहयोग से, लेकिन काँग्रेस की स्वीकृति के बिना ही प्रारम्भ किया गया था। इसी बीच 4 सितम्बर, 1920 को भारतीय राष्ट्रीय काँग्रेस का एक विशेष अधिवेशन लाला लाजपतराय की अध्यक्षता में कलकत्ता में बुलाया गया। इसमें स्वयं लाला लाजपतराय और चितरंजन दास ने असहयोग से सम्बन्धित प्रस्ताव का विरोध किया। फिर भी इसी अधिवेशन में प्रतिनिधियों ने गाँधी के असहयोग सम्बन्धी प्रस्ताव को स्वीकार कर लिया। बिपिनचन्द्र पाल ने जब असहयोग कार्यक्रम में संशोधन सम्बन्धी एक प्रस्ताव काँग्रेस अधिवेशन में प्रस्तुत किया, तो वह भी 135 के मुकाबले 162 मतों से अस्वीकृत हो गया था। अब, इस प्रकार, गाँधी का सिद्धान्त काँग्रेस का सिद्धान्त बन गया। स्वयं गाँधी पूरे देश के नेता

बन गए और काँग्रेस में कोई भी उनके नेतृत्व को चुनौती देने वाला नहीं रह गया था।

असहयोग आन्दोलन के ही दिनों में भारतीय राष्ट्रीय काँग्रेस का वार्षिक अधिवेशन सलेम विजयराघवाचारी की अध्यक्षता में नागपुर में हुआ। यहाँ भी गाँधी के सिद्धान्त और उनके कार्यक्रम को विधिवत् स्वीकृति मिली। अब काँग्रेस को एक नया स्वरूप भी प्रदान किया गया। इसके संगठन में राष्ट्रीय स्तर पर 'अखिल भारतीय समिति' और 'कार्य-समिति' जैसे अंग जोड़े गए। प्रत्येक जन तक काँग्रेस की गतिविधियों की सूचना पहुँच सके, वह वास्तव में जनता का संगठन बन सके, इस हेतु नीचे से ऊपर तक काँग्रेस के ढाँचे का पुनर्गठन किया गया। अच्छे परिणाम भी सामने आए। काँग्रेस की सदस्य-संख्या एक करोड़ तक जा पहुँची। गाँधी के आह्वान पर एक करोड़ रुपए का 'तिलक स्वराज्य फण्ड' बनाया गया। साथ ही लगभग दो लाख स्वयंसेवकों से 'काँग्रेस सेवादल'[15] का गठन किया गया, जिसका कार्य था काँग्रेस की समस्त बैठकों, धरनों, कार्यक्रमों व अधिवेशनों के समय समुचित व्यवस्था करना। गाँधी देश के सबसे बड़े नेता बन चले; कोई भी नेता उनके बराबर का नहीं रहा, भले ही वह काँग्रेसी हो या गैर काँग्रेसी। केवल जिन्ना, जो गाँधी के बढ़ते प्रभाव के सामने लाचार थे, इतने निराश हुए कि वे देश छोड़कर ही चले गए।

न्यायालयों, स्कूलों व कॉलिजों के बहिष्कार, स्मृतिचिह्नों व उपलब्धियों के त्याग, विदेशों में निर्मित वस्तुओं, विशेषकर वस्त्रों को त्यागकर लोग असहयोग कार्यक्रम में बड़ी संख्या में सम्मिलित हुए। स्वदेशी की भावना का बोलबाला हुआ और पूरे देश में चेतना का नया संचार हुआ। ग्रामों व नगरों में असहयोग कार्यक्रम को सफल बनाने की

होड़ लग गई थी। ऐसा लगता था कि समस्त भारतवासियों के हृदय में एक ही भावना है; पुराने समय का अन्त होगा और शीघ्र ही नए युग के सूर्य का उदय होगा। बड़े नगरों, जैसे कि अहमदाबाद, कलकत्ता, दिल्ली, मद्रास और मुम्बई में जनता ने पूर्ण प्रयास कर सरकार का विरोध किया।[16] स्थिति सरकार के लिए गम्भीर थी। जनता ने अधिकारियों को आश्चर्य में डाल दिया। ऐसे में सरकार ने दमनकारी उपायों के बारे में सोचा । सर्वप्रथम, इस कड़ी में नेताओं के सामने निषेधाज्ञा के प्रावधान प्रस्तुत किए गए। नेताओं की अभिव्यक्ति की स्वतंत्रता और उनके आने-जाने के अधिकार पर प्रतिबंध लगाए गए। उन्हें सभाएँ करने व जुलूस निकालने से रोका गया। इसी का परिणाम था कि पंजाब के 'ननकाना साहेब'[17] में सिक्खों पर गोलियों की वर्षा हुई, जिसमें 200 लोग मारे गए।

आन्दोलन फिर भी जारी रहा। आन्दोलन को और तीव्र बनाने तथा उसे पहले से भी अधिक बड़े पैमाने पर फैलाने की माँग जनता करने लगी थी। इसी कारण पहले नवम्बर, 1921 में दिल्ली में और फिर उसी वर्ष दिसम्बर माह में आहूत भारतीय राष्ट्रीय काँग्रेस के अहमदाबाद अधिवेशन[18] में जनता का बड़े पैमाने पर संघर्ष प्रारम्भ करने का आह्वान किया गया। स्वयं गाँधी अपने आपको ऐसे राष्ट्रीय स्तर के संघर्ष के लिए तैयार कर रहे थे, जिसमें सरकार को कर न देने का कार्यक्रम भी सम्मिलित था। इस कार्य के लिए सबसे पहले एक तहसील का चयन किया जाना था। गुजरात क्षेत्र से दो तहसीलों-आणन्द[19] और बारडोली[20] के बीच इस हेतु अच्छी प्रतिस्पर्धा थी। अन्त में बारडोली का चयन हुआ।[21] क्यों? एक समकालीन नेता के अनुसार, "एक अनुमान के अनुसार बारडोली ताल्लुका की कुल

87,000 की जनसंख्या में लगभग 37,000 पाटीदार हैं, 45,000 डुबला और दूसरे रानीपरज, 3,000 मुस्लिम, 3,000 अनाविल ब्राह्मण, 2,000 बनिए तथा इतने ही अछूत हैं। बनिए और ब्राह्मण न तो संघर्ष छेड़ने के पक्ष में हैं तथा न ही इसके प्रतिपक्ष में हैं। 75 प्रतिशत पाटीदार तन-मन-धन से संघर्ष के पक्ष में हैं, तथा इसके लिए जो भी बलिदान करना पड़े, उसके लिए वे तैयार हैं। डुबला व रानीपरज वर्ग के लोगों को साथ जोड़ने का कोई प्रयास तो नहीं किया गया है, लेकिन पाटीदारों के साथ उनके सम्बन्ध ऐसे हैं कि वे वहीं करेंगे, जो पाटीदार उन्हें कहेंगे। हिन्दुओं, मुसलमानों और दूसरे सम्प्रदायों के लोगों में पूरी एकता दीख पड़ती है। ताल्लुका में अस्पृश्यता को समाप्त करने के जो प्रयास किए गए हैं, वे सन्तोषजनक हैं। जब मैं अछूतों के घरों और ग्रामों में उनके ठिकानों पर गया, तो बड़ी संख्या में उच्च वर्गों से जुड़े लोग मेरे साथ थे, और उन्हें ऐसा करने में कोई हिचक नहीं थी। राष्ट्रीय शालाओं में अछूतों के बालकों के प्रवेश के सम्बन्ध में यद्यपि समुचित कार्य नहीं हुआ है, लेकिन जितना कुछ भी हुआ है, उसे असहयोग आन्दोलन के प्रारम्भ किए जाने के समय किए गए वायदे के परिप्रेक्ष्य में न्यायोचित ठहराया जा सकता है। शराब और ताड़ी ताल्लुका के लोगों से प्रायः दूर हैं, और ताल्लुका के डुबला व रानीपरज ही इनके आदी हैं। यदि पाटीदार नशे से सम्बन्धित मामले को अपने हाथ में ले लेते हैं, तो वे इस पर प्रभावकारी ढंग से नियंत्रण पाने में सक्षम हैं। ताल्लुका में अपराध बहुत कम होते हैं, तथा जनता प्रायः न्यायालयों में जाने की आदी नहीं है। अधिकतर विवाद व्यक्तिगत रूप से व सौहार्द के वातावरण में सुलझाए जाते हैं। शान्ति-भंग होने का कोई कारण नहीं है; व्यवस्था और अहिंसा बनाई रखी जाएगी।"

अब अपने सिद्धान्त की परिधि में गाँधी को 'कर न देने का संघर्ष' बारडोली से प्रारम्भ करना था। लेकिन संघर्ष प्रारम्भ करने से पहले उन्होंने तत्कालीन वायसराय रीडिंग को एक पत्र लिखा।[22] पत्र के अन्तिम, लेकिन सबसे महत्त्वपूर्ण भाग के अनुसार, "पूर्व इसके कि बारडोली की जनता बड़े पैमाने पर 'सविनय अवज्ञा' प्रारम्भ करे, मैं आपसे, भारत सरकार के प्रमुख होने के नाते आशा करता हूँ कि आप अपनी नीति को बदलेंगे और उन सभी असहयोगकर्ताओं को, जिन पर मुकदमा चला है, या चल रहा है, मुक्त कर देंगे, और देश में होने वाली समस्त अहिंसक गतिविधियों में हस्तक्षेप की नीति का त्याग कर देंगे, भले ही वे गतिविधियाँ खिलाफत के मुद्दे पर विरोध करने से सम्बन्धित हों या पंजाब में हुए अत्याचारों (पर रोष जताने) से सम्बन्धित हों, अथवा उनका सम्बन्ध स्वराज्य-प्राप्ति की माँग से हो या फिर किसी उद्देश्य की प्राप्ति के लिए; जब तक वे गतिविधियाँ अहिंसक रहें, भले ही उनके सन्दर्भ में भी दण्ड-विधान अथवा अपराध-विधान की (विभिन्न) धाराओं में कुछ भी व्यवस्था हो, बाधित नहीं होनी चाहिए। मैं यह भी आशा करता हूँ कि प्रेस को प्रशासनिक नियंत्रण से आप मुक्त करेंगे और हाल के दिनों में लगाए सभी प्रकार के दण्ड समाप्त कर देंगे। मैं यह आशा करता हूँ कि आप वही करेंगे जो हर देश में सभ्य सरकार द्वारा किया जाता है। यदि आप इस घोषणापत्र के प्रकाशन के सात दिनों के भीतर आवश्यक घोषणा इस बारे में करते हैं, तो मैं तीव्र (और उग्र) प्रकार के सविनय अवज्ञा कार्यक्रम को तब तक स्थगित किए जाने का परामर्श देने को तैयार रहूँगा, जब तक कि बन्दी कार्यकर्ता अपनी मुक्ति के बाद सारी स्थिति का अवलोकन नहीं कर लेते तथा ... यदि सरकार अपेक्षानुसार

घोषणा कर देती है, तो मैं इसे सरकार की ओर से उठाया गया ईमानदारीभरा कदम मानते हुए जनता की राय पर छोड़ दूँगा; और फिर मुझे जनता को यह परामर्श देने में कोई हिचक नहीं होगी कि वे हिंसक गतिविधियों में संलग्न हुए बिना, तथा साथ-ही-साथ, विश्वास के वातावरण में जनमत तैयार करने का कार्य करें, और उसी के सहारे अपनी माँगों को रखें, व उन्हें पूरा कराएँ। उग्र सविनय अवज्ञा (कार्यक्रम) उसी स्थिति में प्रारम्भ किया जाएगा जब सरकार पक्षपात की नीति अपनाएगी एवं जनमत की भावनाओं से खिलवाड़ करेगी; भारत के लोगों के प्रचण्ड बहुमत व उनकी भावनाओं से खिलवाड़ करेगी।"[23]

अपने पत्र का उत्तर गाँधी ने नकारात्मक रूप में पाया। यह आश्चर्यजनक भी नहीं था। ऐसे ही उत्तर की आशा हो सकती थी। गाँधी स्वयं भी "कर नहीं आन्दोलन" छेड़ने को तैयार बैठे थे। लेकिन अचानक यह क्या? उन्होंने एकदम सब कुछ रोक दिया। संयुक्त प्रान्त के गोरखपुर जनपद के चौरी-चौरा नामक स्थान से एक हत्याकाण्ड का समाचार मिला,[24] जिसने गाँधी के हृदय को हिला दिया।

घटनाक्रम के अनुसार चौरी-चौरा में सशस्त्र पुलिस कर्मियों ने 5 फरवरी, 1922 को सत्याग्रहियों की भीड़ पर गोलियाँ चलाईं, लेकिन जब उनकी गोलियाँ समाप्त हो गईं, तो पुलिसकर्मी भयभीत होकर पुलिस थाने में चले गए तथा उन्होंने भीतर से थाने के द्वार बन्द कर लिए। प्रदर्शनकारियों में से कुछ ने, जो पुलिस के व्यवहार के कारण हिंसा पर उतारू हो गए थे, पूरे थाने को अग्नि के हवाले कर दिया। उसमें 22 पुलिसजन मारे गए। गाँधी को आत्मिक दुख पहुँचा और उन्होंने जनता का आह्वान किया कि वह सब कुछ रोक दे।

साम्राज्यवादी सरकार ने गाँधी को बन्दी बना लिया तथा बाद में उन्हें छः वर्ष के कारागार का दण्ड दिया गया। यही नहीं, तीस हजार और भी बन्दी बनाए गए थे। जैसे ही गाँधी ने असहयोग कार्यक्रम को रोका, कई लोगों ने उनकी आलोचना प्रारम्भ कर दी। लाला लाजपतराय व मोतीलाल नेहरू जैसे नेता असामंजस्य की स्थिति में आ गए तथा उन्होंने गाँधी के सिद्धान्त के बारे में प्रश्न चिह्न लगाने प्रारम्भ कर दिए। लेकिन तीव्र प्रतिक्रिया हुई मुसलमानों के एक वर्ग की ओर से तथा उनके नेताओं की ओर से। उनके उस वर्ग ने गाँधी पर खिलाफत के साथ विश्वासघात करने का आरोप तक लगाया। उन्होंने अपनी बात के पक्ष में यह तर्क दिया कि आन्दोलन को रोकने से पहले गाँधी ने उनसे परामर्श ही नहीं किया। मुसलमान अपने तर्क में सही हो सकते थे, लेकिन, वास्तव में, खिलाफत के मुद्दे को असहयोग कार्यक्रम के साथ सम्बद्ध करते समय जो सोच गाँधी की थी, वह सही नहीं थी। उन्होंने इस रूप में खिलाफत के नेताओं से सब कुछ स्पष्ट किए बिना ही उसे असहयोग कार्यक्रम में सम्मिलित करके ठीक नहीं किया था।

गाँधी अहिंसा को सर्वोच्च मूल्य मानते थे। वे सच्चाई के साथ तथा आत्मा के बल पर विदेशी माल का बहिष्कार करके अपना उद्देश्य पाना चाहते थे। उद्देश्य था देश की स्वतंत्रता, सभी के लिए, वे हिन्दू हों या मुसलमान या कोई और। लेकिन इस हेतु जो अनुमान उस समय मुसलमानों के बारे में उनका था, उसमें वे सही नहीं थे। निश्चिततः उनके आह्वान पर मुसलमान असहयोग कार्यक्रम के साथ जुड़े, लेकिन उनकी प्राथमिकता खिलाफत के प्रश्न को हल करने के लिए ही थी। दूसरे शब्दों में, असहयोग आन्दोलन के साथ वे खिलाफत

के मुद्दे के कारण ही जुड़े थे, ताकि वे अपने और अपने धर्म-सम्प्रदाय के सम्मान की रक्षा कर सकें। पुनः कहना न होगा, खिलाफत का प्रश्न उनके लिए प्रमुख था; इसी को उनकी प्राथमिकता थी, और इसके समाधानार्थ वे हिंसक उपायों को अपनाने को भी तैयार थे। दूसरी ओर, स्वराज्य का प्रश्न उनके लिए गौण था। फिर वे कैसे हृदय से गाँधी के मार्ग का अनुसरण कर सकते थे?

जैसा कि मैंने फिर भी कहा है, गाँधी अहिंसा के मूल्य पर कोई समझौता करने को तैयार नहीं थे। चाहे जो भी परिणाम सामने आए, हिंसा उनके सिद्धान्त और व्यवहार के मार्ग में नहीं आ सकती थी; उन पर चाहे जो आरोप लगें, उनके बारे में किसी ने कुछ भी कहा, अहिंसा के सन्दर्भ में वे दृढ़ थे। इस बारे में वे झुकने वाले नहीं थे। लेकिन किस तरह की अहिंसा? निश्चित रूप से सक्रिय अहिंसा, जो कायरता से पृथक होती है तथा वीर का अस्त्र होती है।

❖❖❖

4
सविनय अवज्ञा की ओर

"कदाचित् वायु और जल के बाद जीवन के लिए नमक ही सबसे महत्त्वपूर्ण वस्तु है। गरीबों के लिए तो यही दवा है। पशु बिना नमक के नहीं रह सकते हैं। अनेक उत्पादों में यह जरूरी है। यह एक सुदृढ़ चीज़ भी है। पानी के बाहर दूसरी और कोई ऐसी वस्तु नहीं है, जो राज्य द्वारा (भी) लाखों को...बीमारों...और असहायों को दी जा सकती है।"

–महात्मा गाँधी

गाँधी गिरफ्तार हो गए, असहयोग आन्दोलन रुक गया और मुसलमानों के एक वर्ग ने गाँधी की आलोचना की। काँग्रेस के भीतर से भी गाँधी के सिद्धान्त के व्यवहार पर प्रश्न उठाए गए। जैसा कि चर्चा में मैंने कहा है, असहयोग आन्दोलन से जुड़े कार्यक्रम में विधायिकाओं के बहिष्कार का आह्वान भी किया गया था। ऐसा क्यों? इस सन्दर्भ में चक्रवर्ती राजगोपालाचारी ने दो महत्त्वपूर्ण बिन्दुओं की ओर संकेत किया है:

1. विधान परिषद-कक्ष, विरोध और संघर्ष की दृष्टि से बहुत छोटे और सीमित स्थान ही हो सकते थे। फिर यदि स्वाधीनता या इसके लिए संघर्ष करने का प्रश्न हो, तो उसके लिए खुला तथा विस्तृत दायरा होना चाहिए। दूसरे शब्दों में, संघर्ष की परिधि में सम्पूर्ण भारतीय क्षेत्र होना चाहिए; और

2. चूँकि विधान परिषदों को विधायन के लिए पूरे अधिकार प्राप्त नहीं थे, उस सम्बन्ध में सरकार का निर्णय ही अन्ततः सर्वोपरि था, इसलिए विधान परिषदें एक दिखावा मात्र थीं और उनके माध्यम से अन्तर्राष्ट्रीय जगत को बहकाया जाता था।

उक्त दृष्टिकोण से विधायिकाओं के बहिष्कार को असहयोग कार्यक्रम का भाग बनाना उचित ही था। कोई बात नहीं, यदि कुछ लोग विधान भवन में बैठ जाएँ, लेकिन देश की स्वाधीनता के लिए वहाँ बैठकर ठोस रूप में वे क्या कर सकते थे? कुछ महत्त्वपूर्ण और ठोस प्राप्ति वहाँ से नहीं हो सकती थी। लेकिन गाँधी की अनुपस्थिति में, अर्थात उनकी गिरफ्तारी के उपरान्त मोतीलाल नेहरू, चितरंजन दास

और विट्ठलभाई पटेल ने यह तर्क दिया कि चूँकि महात्मा गाँधी का असहयोग का कार्यक्रम असफल हो गया है, इसलिए अब काँग्रेस के लोगों को विधान परिषदों में प्रवेश करके वहाँ से सरकार का विरोध करना चाहिए।

दूसरी ओर चक्रवर्ती राजगोपालाचारी, राजेन्द्र प्रसाद, वल्लभभाई पटेल और कुछ अन्य नेताओं का मत था कि असहयोग आन्दोलन के स्थगनोपरान्त काँग्रेसियों को चाहिए कि वे जनता को शुद्ध रचनात्मक कार्यों में लगाएँ। उन्हें चाहिए कि वे लागों को आत्मनिर्भरता की ओर ले जाएँ तथा उनमें अधिकाधिक सम्भव जागृति उत्पन्न करें। रचनात्मकता और जागृति गाँधीवादी मार्ग से अभिन्नतः जुड़ी हुई हैं। इसलिए इन लोगों का मानना रहा था कि गाँधीवाद में पूर्ण आस्था रखते हुए, विधायिकाओं में प्रवेश करने के विचार को छोड़ देना चाहिए।

तर्क-वितर्क के मध्य, इस प्रकार, काँग्रेस संगठन में गम्भीर स्थिति उत्पन्न हो गई। एक-दूसरे पर व्यक्तिगत रूप में आक्षेप भी होने लगे। काँग्रेस स्पष्ट दो खेमों-परिवर्तनवादी और अपरिवर्तनवादी-में बँट गई। स्वाधीनता संग्राम और काँग्रेस संगठन- दोनों- के लिए यह बहुत ही जटिल स्थिति थी। लेकिन सौभाग्य से कुछ वरिष्ठ नेता सामने आए। लाला लाजपतराय भी, जो स्वयं असहयोग कार्यक्रम को अचानक ही स्थगित कर दिए जाने से क्रोधित हो गए थे, आगे बढ़े और परिणामस्वरूप 1923 में दिल्ली में काँग्रेस का विशेष अधिवेशन युवा अबुल कलाम आजाद की अध्यक्षता में आहूत किया गया। अधिवेशन में गहन विचार-मंथन हुआ, और अन्ततः दोनों को मान्य एक बीच का रास्ता निकाला गया।

निकाले गए रास्ते के अनुसार काँग्रेसियों को दो में एक पक्ष

चुनने की छूट दी गई; अर्थात जो चाहें चुनाव जीतकर विधान परिषदों में प्रवेश करें और जो न चाहें वे जनता में रहकर ही उसे जागृत करें और रचनात्मक कार्य भी करें। परिणामस्वरूप, जैसा कि सर्वविदित भी है, विधान परिषदों में प्रवेश के इच्छुकजन ने भारतीय राष्ट्रीय काँग्रेस के अन्तर्गत ही पं0 मोतीलाल नेहरू की अध्यक्षता में 'काँग्रेस स्वराज्य दल' के नाम से एक गुट बनाया। इस गुट ने 1924 में हुए चुनावों में भाग लिया। मोतीलाल नेहरू के नेतृत्व मे अनेक चुनाव जीतकर दिल्ली स्थित केन्द्रीय विधान सभा में भी पहुँचे। 1924 और 1929 के बीच के पाँच वर्षों के समय में, जब मोतीलाल नेहरू केन्द्रीय विधान सभा में रहे, उन्हें विधानसभा की अकारगरता का भान हो गया। दूसरे शब्दों में, विधान सभा से उनका विश्वास ही उठ गया। वहाँ जो कटु अनुभव उन्हें हुए, उससे वे इस परिणाम पर पहुँचे कि समस्त काँग्रेसियों को अपने-अपने त्यागपत्र देकर विधान सभा से बाहर आ जाना चाहिए, लेकिन मुख्य समस्या यह थी कि वहाँ से बाहर आकर वे क्या करेंगे? जो लोग सक्षम थे और रचनात्मक कार्यों में लगे हुए थे, उनके सामने खुला मैदान था। वे राष्ट्र के लिए कई कार्य कर सकते थे। लेकिन जिनका दायरा संकीर्ण था, उनके सामने तो मार्ग धुँधला ही था।

कुछ समय बाद काँग्रेस की बागडोर फिर महात्मा गाँधी के हाथों में सौंपी गई। इतिहास सारे घटनाक्रम का साक्षी है। दिसम्बर, 1929 में भारतीय राष्ट्रीय काँग्रेस का अधिवेशन जवाहरलाल नेहरू की अध्यक्षता में लाहौर में बुलाया गया। इसी अधिवेशन में भारत के लिए स्वतंत्रता को काँग्रेस का ध्येय घोषित किया गया, और स्वाधीनता को प्राप्त करने के लिए गाँधी के सविनय अवज्ञा के मार्ग को अपनाने का जनता का आह्वान किया गया। परिणामस्वरूप 1930 में नमक कानून

को भंग करते हुए महात्मा गाँधी ने विश्व प्रसिद्ध सविनय अवज्ञा आन्दोलन प्रारम्भ किया। हम इसके बारे में चर्चा करेंगे, लेकिन उससे पूर्व एक बार फिर 6 फरवरी, 1922 की घटना की ओर लौटना चाहेंगे। इस घटना के बाद गाँधी ने अचानक असहयोग आन्दोलन को रोक दिया था। साम्राज्यवादी सरकार ने 10 मार्च, 1922 को उन्हें गिरफ्तार किया, उनके विरुद्ध मुकदमा चलाया और फिर जज ने उन्हें लम्बे कारावास का दण्ड दिया। वे जेल गए और वहाँ से 5 फरवरी 1924 को मुक्त हुए। मुक्त होते ही वे फिर से सक्रिय हुए, और पूरी तैयारी के साथ छः वर्षों के बाद उन्होंने सविनय अवज्ञा आन्दोलन को प्रारम्भ किया। उस अवधि की घटनाएँ बहुत ही रोचक थीं, और ऐतिहासिक दृष्टिकोण से वे महत्त्वपूर्ण भी थीं। लेकिन मैं 1922 व 1930 के मध्य के समय की केवल दो ही घटनाओं का उल्लेख करना चाहूँगा, क्योंकि दोनों, जैसा कि कहा है, ऐतिहासिक होने के साथ-साथ महात्मा गाँधी के सत्य व अहिंसा के मार्ग को न्यायोचित ठहराने वाली थीं, और उसकी सदा महत्ता को प्रकट करने वाली थीं। साथ ही, वास्तव में, वे मेरी इस व्याख्यान श्रृंखला के विषय को स्पष्ट करने वाली व इसके अर्थ के अनुरूप भी हैं।

सर्वप्रथम मैं गाँधी की 1922 की गिरफ्तारी के मुद्दे पर आता हूँ। फिर उन पर चले मुकदमें और मुकदमें के दौरान 18 मार्च, 1922 को उनके द्वारा न्यायाधीश के समक्ष दिए गए अपने वक्तव्य की बात करता हूँ। ऐसा इसलिए, क्योंकि अपने सदा-प्रेरक वक्तव्य में न केवल उन्होंने जीवन में असहयोग के मार्ग को चुनने के औचित्य का खुलासा किया, अपितु अन्याय, वह भी विशेष रूप में भारत में, के विरुद्ध अहिंसक संघर्ष की आवश्यकता पर बल दिया। इतना ही नहीं, अपने

वक्तव्य से सुनवाई कर रहे जज को उन्होंने स्तब्ध कर दिया और उन्हें चुनौती दी कि या तो वे (जज) अपने पद से त्यागपत्र देकर अपने को बुराई से पृथक कर लें या फिर जानबूझकर अपनी अनभिज्ञता को वास्तविक मानते हुए उन्हें (गाँधी को) कठोरतम् दण्ड दें। स्वयं गाँधी के शब्दों में:

"मुझे ज्ञात था कि मैं आग से खेल रहा हूँ। मैंने खतरा उठाया है और यदि मैं मुक्त कर दिया जाता हूँ तो ऐसा ही मैं फिर भी करूँगा। इसलिए मैं यहाँ किसी छोटे-मोटे दण्ड के लिए नहीं, अपितु बड़े व कठोर दण्ड को पाने के लिए उपस्थित हूँ। मैं क्षमायाचना के लिए नहीं कहता हूँ। मैं अपने कृत्य के लिए तर्क नहीं करता हूँ। मैं तो प्रसन्नतापूर्वक अपने आपको उस बड़े-से-बड़े दण्ड के लिए उपस्थित करके आप से कहता हूँ कि मुझे वही दण्ड दें, जो (आपके) कानून की दृष्टि में जघन्य अपराध के लिए दिया जाता है, और जो मेरी दृष्टि में नागरिक का सबसे बड़ा कर्तव्य है। न्यायाधीश महोदय, आपके पास जो विकल्प हैं, उसमें आप या तो अपने को बुराई से बचाते हुए अपना पद त्याग दें, और वह भी यह मानते हुए कि (व्यवस्था) संचालनार्थ जिसे आप कानून मानते हैं, वह एक बुराई है, और मैं निर्दोष हूँ; अथवा दूसरी स्थिति में, यह मानते हुए कि जिस व्यवस्था को बनाए रखने के लिए आप सहायता कर रहे हैं, वह इस देश की जनता के हित में है और मेरी गतिविधियाँ जनहित के लिए खतरनाक है, मुझे कठोरतम् दण्ड दें।"[25]

दूसरी घटना, जिसका उल्लेख मैं करना चाहता हूँ, का सम्बन्ध गाँधी के कारागार में रहने की अवधि में उनके सिद्धान्त के व्यवहार से है। जैसा कि मैं उल्लेख कर चुका हूँ, 1923 में दिल्ली में आहूत विशेष

काँग्रेस-अधिवेशन में काँग्रेसियों को विधान परिषदों में प्रवेश करने की छूट दे दी गई थी। कई काँग्रेसी 1924 के चुनावों में विजयी होकर विधायिकाओं में बैठे भी थे। लेकिन फिर भी गाँधी की अनुपस्थिति में उनका सत्याग्रह-सिद्धान्त न केवल प्रासंगिक बना रहा, अपितु अहिंसा के बल पर उसने आश्चर्यजनक सफलताएँ भी प्राप्त कीं। उक्त अवसरों पर अहिंसा की बड़ी सीमा तक सर्वोच्चता बनी रही थी। इसको बनाए भी रखा गया, और बारम्बार गाँधीवादी मार्ग की उपयोगियता और न्यायोचितता सिद्ध होती रही। बारम्बार यह सिद्ध होता रहा कि गाँधीवादी अहिंसक मार्ग अद्वितीय, सक्षम और अनुकरणीय है।

इसी सन्दर्भ में पंजाब के गुरु का बाग, आन्ध्र क्षेत्र के कई स्थानों और फिर ट्रावनकोर में हुए सत्याग्रह की चर्चा की जा सकती है। लेकिन 1923 और 1929 में हुए लाहौर काँग्रेस अधिवेशन के मध्य की अवधि में वल्लभभाई पटेल के नेतृत्व में हुए सत्याग्रहों ने सभी को आश्चर्यचकित कर दिया। इन सत्याग्रहों ने सिद्ध किया कि गाँधीवादी मार्ग, यदि उसका सच्चाई के साथ और हृदय से अनुसरण किया जाए, तो इतना सुदृढ़ व स्पष्ट है कि वह न केवल ब्रिटिश दासता को समाप्त कर सकता है, अपितु इसके माध्यम से किसी भी प्रकार के अन्याय को कहीं भी व किसी भी समय मिटाया जा सकता है। इसी घटनाक्रम में हम सबसे पहले 1923 के नागपुर झण्डा सत्याग्रह की संक्षेप में चर्चा करेंगे।

नागपुर प्रशासन ने शहर के कुछ भागों में तिरंगे झण्डे को, जो कि भारतीयों के लिए राष्ट्रीय सम्मान का प्रतीक था, लेकर चलने पर प्रतिबन्ध लगा दिया था। प्रशासन के आदेश की अवहेलना करते हुए, झण्डे को लेकर जमनालाल बजाज ने सत्याग्रह का मार्ग चुना। उन्हें

बन्दी बना लिया गया। जमनालाल बजाज के बाद विनोबा भावे ने उनका अनुसरण किया और उन्होंने भी अपने को गिरफ्तार करा लिया। यह क्रम आगे भी जारी रहे, इसलिए काँग्रेस-समिति ने वल्लभभाई को नागपुर जाकर सत्याग्रह को नेतृत्व देने का निर्देश दिया। वल्लभभाई पटेल नागपुर पहुँचे और उन्होंने सत्याग्रह को स्थानीय से राष्ट्रीय स्वरूप प्रदान कर दिया। देश भर से सत्याग्रही बड़ी संख्या में वहाँ पहुँचने लगे। 20 दिनों तक निरन्तर अहिंसक सत्याग्रह संघर्ष जारी रहा। अन्ततः सरकार ने गिरफ्तार किए गए समस्त सत्याग्रहियों को मुक्त कर दिया, वह भी बिना शर्त और तिरंगे को साथ लेकर चलने की आज्ञा प्रदान करने के साथ। अब साम्राज्यवादी शासन के अन्तर्गत भारतीय कहीं भी तिरंगे झण्डे के साथ आने-जाने को स्वतंत्र थे।

नागपुर झण्डा सत्याग्रह की सफलता के उपरान्त वल्लभभाई पटेल ने 2 सप्ताह का श्रेष्ठ और योजनाबद्ध सत्याग्रह बोरसद में चलाया। बोरसद गुजरात के खेड़ा जनपद का एक ताल्लुका है, और वहाँ उस समय समाज-विरोधी तत्त्वों ने आतंक फैला रखा था। सरकार डाकुओं को संरक्षण देती थी और डाकुओं से जनता को मुक्ति दिलाने की बात करके उससे ही कर उगाहती थी। वल्लभभाई ने जनता को सरकारी अन्याय और डकैतों के आतंक से मुक्त किया। इतिहास में वह कार्य बोरसद सत्याग्रह के नाम से जाना जाता है। उस सत्याग्रह को भी अच्छी सफलता मिली थी।

छोटे क्षेत्र में गाँधी-मार्ग से विश्व का सबसे सफल सत्याग्रह भी वल्लभभाई पटेल के नेतृत्व में उसी बारडोली ताल्लुका में वर्ष 1928 में हुआ, जहाँ 1922 में गाँधी ने 'कर न देने' का आन्दोलन प्रारम्भ करने का विचार किया था। 87 हजार से भी अधिक बारडोली के लोगों ने

अन्यायपूर्ण ढंग से व अनावश्यक रूप में सरकार द्वारा बढ़ाए गए 30 प्रतिशत भू-राजस्व को न अदा करने की प्रतिज्ञा की। धर्म, जाति, गरीब, अमीर, छोटे और बड़े का भेदभाव भुलाकर अपने मतभेदों को एक ओर रखकर लोग संघर्ष में कूद पड़े; और व्यापारियों, श्रमिकों व दूसरे कामगारों ने किसानों के साथ एकरूपता स्थापित करके सरकार से ऐसा असहयोग किया कि बारडोली में वह विफल हो गई। किसानों के सुदृढ़ संगठन और सक्रियता ने सरकार को झुकने के लिए विवश कर दिया। बम्बई प्रान्त के तत्कालीन राज्यपाल लेस्ली विल्सन ने स्वयं वल्लभभाई पटेल को समुचित न्याय का भरोसा दिया।

"हम कठिनाइयाँ सहन कर सकते हैं, सच्चाई के लिए मर सकते हैं, सब कुछ दाव पर लगा सकते हैं, लेकिन अनुशासन, एकता व निडरता में विश्वास करते हुए और सत्य व अहिंसा को सर्वोच्च मूल्य एवं शक्ति मानते हुए किसी भी तरह के अन्याय को सहन नहीं कर सकते, भले ही हमारे सत्याग्रह को कुचलने के लिए ब्रिटिश साम्राज्य अपनी सम्पूर्ण शक्ति ही क्यों न लगा दे," बारडोली सत्याग्रह का यह संदेश था। और यह वास्तविकता है कि सत्याग्रह के दिनों में जनता ने बड़ी-बड़ी कठिनाइयाँ सहीं। लेकिन आज तक भी बारडोली किसान आन्दोलन अद्वितीय है; और जो साधन बारडोली में अपनाए गए, उनको दृष्टिगत रखते हुए, तथा नेतृत्व की जो कला वहाँ थी, उसे देखते हुए, उस आन्दोलन के समक्ष 1917 को रूसी वोल्शेविक क्रान्ति भी फीकी पड़ती दिखाई देती है।

बारडोली किसान सत्याग्रह के वर्ष, अर्थात 1928 में ही साइमन कमीशन भारत आया था।[26] इस कमीशन को बीसवीं शताब्दी के दूसरे दशक के अन्त में साम्राज्यवादी सरकार द्वारा भारत में लागू दो-स्तरीय

शासन-व्यवस्था की समीक्षा करने के उद्देश्य से भेजा गया था। भारतीयजन इस नियुक्ति से अप्रसन्न थे और उनकी अप्रसन्नता का कारण यह था कि कमीशन में एक भी सदस्य भारतीय नहीं था। सभी सदस्य अंग्रेज थे। इसीलिए यह मानना, कि कमीशन निष्पक्षता से कोई संस्तुति करेगा, सम्भव नहीं था। एक पक्षीय कमीशन की नियुक्ति से लोगों में रोष था। इसी कारण जब कमीशन 3 फरवरी, 1928 को मुम्बई पहुँचा, तो वहाँ उसका भारी विरोध हुआ। उपरान्त वह देश के जिस नगर में भी गया, उसे मुम्बईवासियों की ही भाँति विरोध झेलना पड़ा था। 'साइमन वापस जाओ', प्रदर्शनकारियों का यही एक नारा होता था। मुम्बई में चौपाटी पर तो एक साथ पाँच हजार से भी अधिक लोगों ने एक स्वर में 'साइमन कमीशन' को नकारा था। इतना ही नहीं, काँग्रेस संगठन के अतिरिक्त दूसरे राजनीतिक संगठनों ने भी ऐसा कमीशन नियुक्त करने के लिए ब्रिटिश सरकार की आलोचना की थी। लाहौर में लाला लाजपत राय के नेतृत्व में कमीशन का एक भारी भीड़ ने विरोध किया; और पुलिस ने प्रदर्शनकारियों पर लाठियाँ बरसाईं। पुलिस-दल का नेतृत्व करने वाले ब्रिटिश अधिकारी साण्डर्स ने स्वयं बुरी तरह लाठियाँ बरसाकर लाला लाजपत राय को घायल कर दिया और इसी कारण कुछ दिनों बाद, जीवन व मृत्यु के मध्य संघर्ष करते हुए, उन्होंने दम तोड़ दिया।

उक्त घटना के बाद मुख्तार अहमद अंसारी की अध्यक्षता में लखनऊ शहर में सर्वदलीय सभा का आयोजन किया गया। इसी तरह की सभा बाद में पण्डित मोतीलाल की अध्यक्षता में दिल्ली में हुई। दोनों ही स्थानों पर हिन्दू-मुस्लिम एकता का आह्वान किया गया; विशेषकर दिल्ली की सभा के उपरान्त 'साइमन कमीशन' के समानान्तर

एक समिति गठित की गई। पण्डित मोतीलाल नेहरू चूँकि उस समिति के प्रमुख थे, इसीलिए वह 'नेहरू-समिति' के नाम से प्रसिद्ध है। समिति का कार्य था पृथक रूप से कमीशन की भाँति जाँच करना। साथ ही, 22 दिसम्बर, 1928 अगली सर्वदलीय सभा कलकत्ता में किए जाने का निर्णय लिया गया; और वहाँ सर्वदलीय सभा हुई, जिसमें पुनः हिन्दू-मुस्लिम एकता को बनाए रखने का आह्वान किया गया। यही समय था जब मुहम्मद अली जिन्ना इंग्लैण्ड से लौटे। वे अपनी वापसी के समय वैचारिक रूप से परिवर्तित थे; इसीलिए हिन्दू-मुस्लिम एकता के मार्ग में उन्होंने बाधाएँ डालनी प्रारम्भ कीं। उन्होंने मुसलमानों के लिए कुछ ऐसी माँगे रखीं, जिनका उस समय कोई औचित्य नहीं था। गाँधी किसी भी कीमत पर साम्प्रदायिक राजनीति से सहमत नहीं हो सकते थे, भले ही मुस्लिम अल्पसंख्यकों में पहले से बो दिए पृथकतावादी बीज गम्भीर परिणामों के संकेत दे रहे थे; दूसरे शब्दों में, पृथकतावाद सिर उठाने लगा था, और मुहम्मद शफी पृथकतावादियों का नेतृत्व कर रहे थे। केवल यही वह गुट भी था, जिसने साइमन कमीशन के आने का स्वागत किया था।

उक्त गुट की, जिसके बाद में जिन्ना नेता बन गए थे, पृथकतावादी गतिविधियों के ही चलते, तथा साथ ही सरकार के दमनकारी उपायों के बीच दिसम्बर, 1929 में भारतीय राष्ट्रीय काँग्रेस का ऐतिहासिक और निश्चित रूप में महत्त्वपूर्ण अधिवेशन रावी नदी के तट पर लाहौर में हुआ। सब जानते हैं कि 40 वर्षीय जवाहरलाल नेहरू अधिवेशन के अध्यक्ष थे। उस समय का देश का वातावरण गम्भीर और तनावमय था। लाहौर में भारतीय राष्ट्रीय काँग्रेस ने देश के लिए पूर्ण स्वतंत्रता प्राप्त करने का अपना लक्ष्य घोषित किया; स्वतंत्रता न केवल राजनीतिक

क्षेत्र में, अपितु आर्थिक क्षेत्र में भी। इस लक्ष्य को प्राप्त करने के लिए गाँधीवादी मार्ग से तथा उन्हीं के नेतृत्व में, जो सक्षम और परिपक्व था, आगे बढ़ने का प्रस्ताव पारित किया गया। इस ऐतिहासिक अधिवेशन के माध्यम से जनता का आह्वान किया गया कि वह प्रतिवर्ष 26 जनवरी को स्वाधीनता दिवस के रूप में मनाएँ। साथ ही, उद्देश्य की प्राप्ति के लिए महात्मा गाँधी को अधिकृत करके, सविनय अवज्ञा आन्दोलन छेड़ने का संकल्प लिया गया।

चौरी-चौरा की वह घटना, जिसमें 22 लोग मारे गए थे और जिसकी प्रतिक्रिया में महात्मा गाँधी ने असहयोग आन्दोलन रोक दिया, वह तथा उसके बाद का समस्त घटनाक्रम गाँधी के संज्ञान में था। इसीलिए अब वे पूर्णतः सचेत थे। वे चाहते थे कि देश का युवा वर्ग ऐसी धारणा के साथ राष्ट्रीय मुक्ति आन्दोलन के लिए आगे आए, जिससे ब्रिटिश साम्राज्यवाद के विरुद्ध होने वाली लड़ाई अहिंसक रहे। निश्चित रूप में युवा वर्ग सचेत होकर ही मोर्चे पर डटे, तो ऐसा सम्भव होगा। इसीलिए एक अच्छी, स्थाई और योजनाबद्ध तैयारी के साथ गाँधी ने सविनय अवज्ञा प्रारम्भ करने का निश्चय किया; और उस योजना का प्रमुख भाग था नमक कानून को भंग करना। नमक का उत्पादन सरकारी नियंत्रण में था, तथा गैरसरकारी या व्यक्तिगत तौर पर इसका उत्पादन या बिना कर दिए इसका अधिग्रहण कानून का उल्लंघन करना था।

महात्मा गाँधी के अहमदाबाद स्थित साबरमती आश्रम और अरब सागर के किनारे के एक छोटे से स्थान डाण्डी के मध्य 241 मील की दूरी है। अहमदाबाद से प्रस्थान करके और पैदल चलकर उनका 241 मील की दूरी तय करते हुए डाण्डी पहुँचना, वहाँ समुद्र

की लहरों द्वारा छोड़े गए नमक में से मुट्ठी भर नमक उठाना और इस प्रकार नमक कानून को भंग करके, सविनय अवज्ञा आन्दोलन को प्रारम्भ करने की गाँधीजी की योजना थी। जैसा कि अभी-अभी कहा गया है, डाण्डी के लिए प्रस्थान करने से पहले महात्मा गाँधी ने पूरी-पूरी तैयारी की थी। वे नमक कानून को भंग क्यों करेंगे? उन्होंने इस बात का खुलासा किया।

नमक वह अति विशेष वस्तु है, जो सभी के जीवन से जुड़ी है। क्यों किसी एक का ऐसी वस्तु पर एकाधिकार हो? भले ही कोई शक्तिशाली सरकार भी क्यों न हो, वह साम्राज्यवादी शक्ति ही क्यों न हो, नमक जैसी वस्तु पर उसका भी एकाधिकार नहीं हो सकता है। स्वयं महात्मा गाँधी के शब्दों में, "कदाचित् वायु और जल के बाद जीवन के लिए नमक ही सबसे महत्त्वपूर्ण वस्तु है। गरीबों के लिए तो यही दवा है। पशु बिना नमक के नहीं रह सकते हैं। अनेक उत्पादों में यह जरूरी है। यह एक सुदृढ़ चीज़ भी है। पानी के बाहर दूसरी और कोई ऐसी वस्तु नहीं है, जो राज्य द्वारा (भी) लाखों को...बीमारों... और असहायों को दी जा सकती है।"

डाण्डी के लिए प्रस्थान करने से पहले, अथवा दूसरे शब्दों में सविनय अवज्ञा के मार्ग पर जाने से पहले, महात्मा गाँधी ने कई बातों का खुलासा किया। वह सब इसलिए किया गया, क्योंकि उनके पूर्व के इस सन्दर्भ में अनुभव कटु रहे थे। व्यक्तिगत रूप में, एक दल में या एक बन्दी के रूप में अहिंसक सत्याग्रही को किस तरह का व्यवहार करना चाहिए; साथ ही यदि साम्प्रदायिक स्थिति उत्पन्न हो जाए, तब उस स्थिति में क्या किया जाना चाहिए? यह सब कुछ उन्होंने स्पष्टतः बताया।[27] इसी के साथ उन्होंने कहा, "इसलिए... एक सविनय

अवज्ञाकर्ता, जो वर्तमान शासन की समाप्ति के लिए पूरा प्रयास करेगा, अपने विचारों, शब्दों या कार्यों से किसी भी अंग्रेज के प्रति हिंसा करने की इच्छा नहीं रखेगा।"

अपने डाण्डी-प्रस्थान की सूचना देते हुए महात्मा गाँधी ने 2 मार्च, 1930 को तत्कालीन वायसराय लार्ड इरविन को एक लम्बा पत्र लिखा। पत्र में शालीनता थी, लेकिन उसमें दृढ़ता भी थी, और वह उनके सिद्धान्त की परिधि में था; सिद्धान्त को व्यवहार में लाने से पूर्व निर्धारित आवश्यकताओं को वह पूरा करता था। पत्र में गाँधीजी ने निर्भीकतापूर्वक अपनी यात्रा के उद्देश्य को प्रकट किया। उन्होंने अहिंसा के प्रति पूर्णतः प्रतिबद्ध रहने की बात की और यह भी बताया कि वे 12 मार्च, 1930 से यात्रा प्रारम्भ करेंगे। गाँधीजी के मार्ग पर विश्वास करने वालों या उनके सिद्धान्त में रुचि रखने वालों के लिए वह पत्र सदा ही प्रेरणा का स्रोत रहेगा। पत्र के एक भाग के अनुसार, "मेरा व्यक्तिगत विश्वास पूरी तरह से स्पष्ट है। जान-बूझकर मैं किसी भी जीवित प्राणी का अहित नहीं कर सकता हूँ, विशेष रूप में किसी व्यक्ति का, भले ही कोई मुझे कितना भी नुकसान पहुँचाए अथवा मेरा अहित करे। जब मैं यह कहता हूँ कि ब्रिटिश शासन एक अभिशाप है, तब भी मैं किसी अंग्रेज को हानि पहुँचाने की बात नहीं सोचता... न ही उसके किसी कानूनी हित से मेरा कोई वास्ता है। विकसित शोषण की पद्धति ने करोड़ों गूँगों को कंगाल बना दिया है, तथा साथ ही उस शोषक व खर्चीले सैन्य और नागरिक प्रशासन ने भी, जिसे देश सहन करने की स्थिति में नही है। भले ही वह कितना भी असंगठित हो और अन्ततः कितना भी महत्त्वहीन हो, हिंसा के बल पर वह अभी मजबूती पा रहा है...। इसका भी मेरी ही तरह अन्त तो होना ही है। लेकिन

मेरा मानना है कि करोड़ों गूँगों को अपेक्षित राहत वह नहीं दे सकता। और मेरा विचार निरन्तर दृढ़ होता जा रहा है कि विशुद्ध अहिंसा ही ब्रिटिश सरकार की संगठित हिंसा पर लगाम लगा सकती है। अहिंसा की शक्ति और अचलता में विश्वास रखते हुए, जैसा कि मैं इसे जानता हूँ, मेरे लिए और आगे प्रतीक्षा करना पाप होगा। मैं जानता हूँ कि अहिंसा पर चलते हुए मैं वही काम कर रहा हूँगा, जिसे मूर्खता-भरा जोखिम कहा जा सकता है। लेकिन बिना जोखिम उठाए सत्य की कभी विजय नहीं हुई है।... यदि जनता मेरा साथ देती है, और मेरा मानना है कि वह ऐसा करेगी, तो जो परेशानियाँ (या कठिनाइयाँ) जनता सहन करेगी, वे पत्थर दिल वालों का मुकाबला करने के लिए पर्याप्त होंगी; अंग्रेजों को अपने कदम पीछे हटाने को विवश करेंगी।"

इस पत्र में, जैसा कि उल्लेख किया गया है, महात्मा गाँधी ने नमक कानून को ही भंग करने की अपनी इच्छा का खुलासा किया। उन्होंने इसके उद्देश्य को पुनः प्रकट किया, अपनी गिरफ्तारी की तैयारी के बारे में बताया और आगे लिखा, "यदि आपके विचार से मेरे पत्र में कुछ महत्त्वपूर्ण है, और यदि आप मेरे साथ इस सम्बन्ध में कोई चर्चा करना चाहते हैं, अथवा आपकी ऐसी इच्छा है कि मैं आपको लिखे गए इस पत्र का प्रकाशन स्थगित करूँ, तो मेरे इस पत्र के पहुँचने के तुरन्त बाद आपके तार को प्राप्त करके मैं सहर्ष ऐसा करूँगा।"

गाँधी के साथ ही दूसरे नेताओं ने भी देश के लिए स्वतंत्रता प्राप्ति के उद्‌देश्य से सविनय अवज्ञा आन्दोलन में भागीदारी हेतु तैयारियाँ प्रारम्भ कर दीं। आन्दोलन को बड़े पैमाने पर और अद्वितीय ढंग से प्रारम्भ किया जाना था। इसी कड़ी में फरवरी, 1930 तक केन्द्रीय विधान सभा के तीस और प्रान्तीय विधान सभाओं के 146

सदस्यों ने विरोधस्वरूप अपने त्यागपत्र दे दिए, तथा उन्होंने आन्दोलन में सम्मिलित होने की घोषणा की।[28]

सरकार की नीयत ठीक नहीं थी। अभी महात्मा गाँधी को 12 मार्च को डाण्डी के लिए प्रस्थान करना था, लेकिन सरकार ने आन्दोलन को विफल बनाने के उद्देश्य से पहले ही प्रहार प्रारम्भ कर दिए। इसी कड़ी में उसने पाँच दिन पहले, अर्थात 7 मार्च, 1930 को वल्लभभाई पटेल को उस समय बन्दी बना लिया, जब वे खेड़ा जनपद के रास ग्राम में एक बड़ी सभा को सम्बोधित करने जा रहे थे। सरकार के इस दमनकारी कदम की देश भर में सामान्यतः और गुजरात में विशेष रूप में तीव्र भर्त्सना हुई। लेकिन साथ ही जनता में आन्दोलन के लिए उत्साह बढ़ता रहा; पहले से अधिक संख्या में लोग तैयार होते गए।

लिए गए निर्णय के अनुसार, 79 पुरुषों और महिलाओं के दल का चयन करके, उनके साथ महात्मा गाँधी ने 12 मार्च, 1930 को डाण्डी के लिए प्रस्थान किया। प्रतिदिन 10 से 12 मील पैदल चलकर, मार्ग में जनसभाओं को सम्बोधित करते हुए और जनता को सविनय अवज्ञा आन्दोलन में भागीदारी करके देश की स्वतंत्रता को प्राप्त करने का सन्देश देते हुए, अन्ततः 5 अप्रैल, 1930 को वे डाण्डी पहुँचे। अगली सुबह, अर्थात 6 अप्रैल को अपने तय कार्यक्रमानुसार गाँधी ने समुद्र में डुबकी लगाई। उपरान्त मुट्ठीभर नमक उठाकर उन्होंने 'नमक-कानून' भंग किया। इस प्रकार सविनय अवज्ञा आन्दोलन प्रारम्भ हुआ, जो निश्चित रूप से भारत के इतिहास में एक नया अध्याय जोड़ने वाला सिद्ध हुआ।

वास्तव में गाँधीजी द्वारा नमक कानून का भंग किया जाना

उनकी विशेष रणनीति का भाग था। उन्होंने 12 मार्च से 5 अप्रैल, 1930 के मध्य के 24 दिनों की अवधि में 241 मील की दूरी तय की; अर्थात 10 से लेकर 12 मील तक वे प्रतिदिन चले। इससे वे भली प्रकार से जनता को जागृत कर सके। जनता उनके सम्बोधनों से बहुत प्रभावित होती थी, क्योंकि वे उन्हीं की दिन-प्रतिदिन की कठिनाइयाँ उनके सामने रखते थे और उनसे छूटने के उपाय उन्हें बताते थे। फिर आम और खास, धनी व निर्धन, महिला तथा पुरुष, सबसे जुड़े नमक जैसे मुद्‌दे पर वे लोगों का ध्यानाकर्षित करते थे। यही नहीं, उक्त रणनीति, अर्थात नमक कानून को भंग करके सविनय अवज्ञा आन्दोलन को प्रारम्भ करना, और वह भी धीमी गति से पैदल चलते हुए डाण्डी पहुँचकर, पूरे विश्व में प्रसिद्धि प्राप्त करने का साधन थी; दुनिया गाँधीजी की गतिविधियों से परिचित हो रही थी। इस रूप में इस आन्दोलन ने ब्रिटिश साम्राज्य को उसके अस्तित्व के सन्दर्भ में चुनौती देने का कार्य किया। पूर्व में गाँधीजी के नेतृत्व में हुए सभी सत्याग्रहों को इस आन्दोलन ने पीछे छोड़ दिया। इसके अतिरिक्त, 6 अप्रैल, 1930 को महात्मा गाँधी द्वारा नमक-कानून को भंग करने के साथ ही पूरे देश में इसके उत्पादनार्थ होड़ लग गई। अभूतपूर्व रूप से आन्दोलन राष्ट्रव्यापी हो गया। जहाँ मध्य प्रान्त सहित देश के कई भागों में लोगों ने 'वन-कानून' तोड़े, वहीं देश के कई भागों के किसानों ने भू-राजस्व देने से मना किया। इस सम्बन्ध में विशेष रूप से हम संयुक्त प्रान्त, बंगाल, बिहार, पंजाब, कर्नाटक और आन्ध्र के नामों का उल्लेख कर सकते हैं। इस स्थिति में घबराकर अन्ततः अप्रैल, 1930 के अन्त में साम्राज्यवादी सरकार ने 'आपातकालीन अध्यादेश' लागू कर दिया। काँग्रेस को अवैध संस्था घोषित करके इस पर प्रतिबंध लगा दिया और

इसकी सम्पत्तियों को जब्त कर लिया।

5 मई, 1930 को महात्मा गाँधी को गिरफ्तार करके पुणे के निकट यरवदा केन्द्रीय कारागार भेजा गया। इससे देशभर में तीव्र जन-विरोध की लहर दौड़ गई। मुम्बई, शोलापुर और दूसरे नगरों में मिल-श्रमिकों ने तालाबन्दी कर दी, जबकि रेलवे कर्मचारियों ने कार्यशालाओं में काम रोक दिया। अहिंसक रूप से संघर्ष करते हुए उत्तर-पश्चिम सीमा प्रान्त के पठानों ने वीरता का उदाहरण प्रस्तुत किया तथा उन्होंने अपने सीनों पर गोलियाँ खाईं। गढ़वाल बटालियन के सैनिकों ने अहिंसक और निहत्थे लोगों पर गोलियाँ चलाने से मना कर दिया। गुजरात के धरसाना नामक स्थान पर जनता ने सरकारी नियंत्रण वाले एक नमक डिपो पर हमला किया; विरोध में पुलिस ने लोगों पर फायरिंग की, जिसमें सैंकड़ों जन घायल हुए। बाद में उनमें से कुछ मृत्यु को भी प्राप्त हुए। सरकारी आंकड़ों के अनुसार, कभी तीव्र गति से और कभी धीमी गति से जारी रहने वाले इस आन्दोलन में, 63,490 लोग जेल भेजे गए, जबकि काँग्रेस के सूत्रों के अनुसार यह संख्या एक लाख से भी अधिक रही थी।

1931 के प्रारम्भ में ही वायसराय इरविन ने महात्मा गाँधी से वार्ता करने का आग्रह किया। उन्होंने वायसराय का अनुरोध स्वीकार कर लिया और सविनय अवज्ञा आन्दोलन को स्थगित किया। उस समय वायसराय उदार और सहयोगकर्ता के रूप में दिखाई पड़ते थे, क्योंकि गाँधीजी के साथ वार्ता में उन्होंने यह आश्वासन दिया कि ब्रिटिश सरकार निश्चित रूप से भारतीयों के भविष्य के लिए कुछ ठोस कदम उठाना चाहती है।

27 फरवरी, 1931 को महात्मा गाँधी दिल्ली में वायसराय से

मिले। उपरान्त दोनों के मध्य कई बैठकें हुईं। परिणामस्वरूप 5 मार्च, 1931 को इतिहास प्रसिद्ध 'गाँधी-इरविन पैक्ट' पर हस्ताक्षर हुए। चूँकि नमक कानून भंग करके ही सविनय अवज्ञा आन्दोलन को प्रारम्भ किया गया था, इसलिए पैक्ट में यह व्यवस्था की गई थी कि समुद्र तट के क्षेत्रों में बसने वाले लोगों को यह छूट रहेगी कि वे नमक को किनारे से उठा सकेंगे या वहाँ उसका उत्पादन कर सकेंगे। साथ-ही-साथ, शान्तिपूर्वक धरनों को पाबन्दी से मुक्त किया गया; अधिकांश बन्दी बनाए गए लोगों को छोड़ दिया गया तथा उनकी सम्पत्ति को वापस कर दिया गया।

यद्यपि उक्त सभी कदम सद्भावना के प्रतीक थे, लेकिन भीतर से स्थिति कुछ और ही थी। वास्तव में जिस प्रकार अहिंसा के आधार पर जनता सविनय अवज्ञा के लिए आगे आई थी, वह अपने आप में अद्वितीय था। इससे सरकार को अपने अस्तित्व के लिए संकट का आभास हुआ। इसीलिए पहले सरकार ने सर्वप्रकार के दमनकारी कदम उठाए और आन्दोलन को कुचलने हेतु कठोर उपाय किए। लेकिन फिर भी आन्दोलन का स्वरूप बढ़ता गया। अतः सरकार ने दूसरे विचार से आन्दोलन को दुर्बल करने की नीति बनाई। इस हेतु सरकार ने उक्त पैक्ट का विकल्प ढूँढा, जबकि उसकी नीयत इसके सहारे आन्दोलन को दुर्बल करने की ही थी। शीघ्र ही सरकार की चालाकी भरी नीयत का खुलासा भी हो गया। 1931 के अन्त में ब्रिटिश सरकार ने लन्दन में द्वितीय गोलमेज सम्मेलन का आयोजन किया, जो सफल नहीं रहा था और महात्मा गाँधी लन्दन से खाली हाथ और भारी मन वापस लौटे थे।

इसी बीच वर्ष 1931 में भारतीय राष्ट्रीय काँग्रेस का वार्षिक

अधिवेशन कराची में हुआ और वहाँ भी लाहौर अधिवेशन में पारित भारत की स्वतंत्रता को प्राप्त करने के प्रस्ताव को दोहराया गया, तथा कहा गया कि "शीघ्रातिशीघ्र सम्भव इसे प्राप्त करना है।"

हमने गोलमेज सम्मेलन की चर्चा की है। वह असफल हुआ था। लेकिन क्यों? इतिहासकार जानते हैं कि सम्मेलन की विफलता के क्या कारण थे? इस विफलता के मूल में साम्राज्यवादियों की नीयत से भी वे परिचित हैं। साम्राज्यवादियों की चाल थी कि उन्होंने सम्मेलन में साम्प्रदायिक प्रश्नों को हवा दी, और हवा दिलाई भी। इस सन्दर्भ में वहाँ दो विचारधाराएँ उभरी थीं। काँग्रेस का मत था कि भारत में साम्प्रदायिक प्रश्नों का निपटारा आपसी समझ से सम्बद्ध पक्षों को ही घर में निपटाना चाहिए। इसके विपरीत दूसरा दृष्टिकोण, जो कि अंग्रेजों का था, उन्होंने मुस्लिम लीग के सहयोग से प्रस्तुत किया था; इस दृष्टिकोण के आधार पर साम्राज्यवादियों ने यह तर्क दिया कि चूँकि सभी भारतीयों में समस्या के समाधानार्थ एक राय नहीं है, इसलिए सरकार स्वयं संवैधानिक आधार पर समाधान करना चाहेगी। लेकिन जैसा कि कहा गया है, यह अंग्रेजों की चाल थी। महात्मा गाँधी यह जानते थे कि ठोस रूप से कुछ भी सामने नहीं आएगा; और अंग्रेजों के हस्तक्षेप से समस्या सुलझेगी नहीं, बल्कि उलझेगी। उन्होंने समझौता नहीं किया, सम्मेलन विफल हुआ और उन्होंने कोई चिन्ता भी नहीं की। अपने महान सिद्धान्तों पर अडिग वे महान व्यक्ति स्वदेश लौटे। वापस लौटते ही उन्होंने फिर आन्दोलन के लिए देशवासियों का आह्वान किया। लेकिन इस बार संघर्ष का ढंग बदल दिया गया। इस बार इसे व्यक्तिगत सत्याग्रह जैसा बनाया गया। दूसरी ओर सरकार ने पुनः दमन करना प्रारम्भ कर दिया; महात्मा गाँधी के साथ ही कई अन्य भी गिरफ्तार किए गए।

विषय-विशेषज्ञ और इतिहासकार सविनय अवज्ञा आन्दोलन या नमक सत्याग्रह के सम्बन्ध में, और फिर बाद में व्यक्तिगत सत्याग्रह के रूप में परिवर्तित उसके स्वरूप को लेकर अनेक राय रखते हैं। अर्थात सभी के विचार एक समान नहीं हैं। कहीं-कहीं तो उनमें भारी विरोध पाया जाता है। प्रत्येक अपने विचार में सही हो सकता है, लेकिन एक बात फिर भी उस आन्दोलन के सम्बन्ध में बहुत महत्त्वपूर्ण रही थी, और वह यह कि आमजन में जिस तरह जागृति आई, सविनय अवज्ञा आन्दोलन ने जिस तरह देशवासियों की आँखें खोलीं, वह अनुकरणीय कार्य था; अद्वितीय के साथ ही वह प्रेरणामय भी था। कई विचारधाराओं को मानने वाले लोग उत्साहपूर्वक राष्ट्र के लिए उस संघर्ष में कूद पड़े थे। विशेष बात यह भी रही थी कि राजनीतिक क्षेत्र में बिखरे हुए और अलग-थलग पड़े समाजवादियों व साम्यवादियों को भी सविनय अवज्ञा आन्दोलन के माध्यम से नवजीवन मिल सका था।

महात्मा गाँधी का व्यक्तित्व महान था। वे जेल में हों या जनता के बीच हों, अपने सिद्धान्त के प्रति दृढ़ रहकर और उसे सर्वोच्च मानकर, दूसरे शब्दों में, अपने को अहिंसा की परिधि में ही रखकर, न्याय प्राप्ति के प्रयास करना गाँधी का स्वभाव था। उनके सिद्धान्त में भय को कोई स्थान नहीं था। अन्याय को समाप्त करने के लिए कोई वीर पुरुष अपने जीवन को न्यौछावर करने से भी पीछे नहीं हटता हैं। उन लोगों के विरुद्ध भी, जो अन्याय करते हों, भले ही वे कितने भी शक्तिशाली हों, ऐसा पुरुष चुनौती बनकर खड़ा हो जाता है और अन्याय को समाप्त करने को दृढ़ रहता है। गाँधी ऐसे ही वीर पुरुष थे, जिनका करोड़ों लोगों ने अनुसरण किया। अन्याय को समाप्त करने के लिए वे उनके पदचिह्नों पर चले।

आज पुनः वह समय है कि जब गाँधी और गाँधीवाद को समझने की आवश्यकता है, उनके विश्लेषण की आवश्यकता है और विशेष रूप से महात्मा गाँधी की उन दार्शनिकों के साथ तुलना करने की आवश्यकता है, जो हिंसा के बल पर अपना ध्येय सिद्ध करने का दावा करते हैं।

अभी अधिक समय व्यतीत नहीं हुआ है। मैं अपनी युवावस्था में कदम रख रहा था। मुझे ज्ञात हुआ कि दुनिया दो खेमों में बँटी हुई है। दुनिया के अधिकांश लोगों में या तो कोई साम्यवादी या मार्क्सवादी है या गैर मार्क्सवादी हैं। व्यक्तिगत रूप में मैं स्वयं भी मार्क्सवाद को पूरी तरह से रद्द नहीं करता हूँ। न ही मार्क्स के दर्शन को पूरी तरह से मैं नकारता हूँ। लेकिन अपना एक तर्क प्रस्तुत करके मैं आपसे न्याय की अपेक्षा करूँगा। मार्क्स के जीवन का एक बड़ा भाग इंग्लैण्ड में व्यतीत हुआ। मार्क्स पूँजीवाद के बहुत विरोधी थे। इंग्लैण्ड पूँजीवाद का घर था, और साथ ही वह एक बड़ी साम्राज्यवादी शक्ति था। क्या मार्क्स इंग्लैण्ड में रहते हुए कभी चार लोगों को भी साथ लेकर पूँजीवादी व्यवस्था या पूँजीवाद के विरुद्ध सड़कों पर उतरे और वह भी निडर होकर, तथा उसी पूँजीवादी देश में? कभी नहीं। लेकिन वह तो गाँधी ही थे, जो निडर होकर करोड़ों लोगों के साथ सक्रिय विरोध करते हुए आगे आए और वह भी अहिंसा की शक्ति के बल पर। वे पुनः वीरतापूर्वक सरकार के उस कदम के विरोध में भी आ खड़े हुए, जो वे भारतीय समाज को तोड़ने के लिए उठा रहे थे; यही नहीं, गाँधी ने उस कदम को अभूतपूर्व तरीके से विफल कर दिया।

वर्ष 1909 में मार्ले-मिन्टों सुधारों के नाम पर अंग्रेजों ने भारत में हिन्दुओं और मुसलमानों के लिए अलग-अलग निर्वाचन व्यवस्थाएँ

बनाईं और उनके आधार पर दोनों को बाँटकर शासन करना प्रारम्भ किया। इसी पृथकतावादी कार्यवाही ने 1947 में भारत के विभाजन में मुख्य भूमिका का निर्वाह किया था। फिर 1932 में ब्रिटिश प्रधानमंत्री रेमजे मैक्डानोल्ड ने अनुसूचित जातियों और जन-जातियों के सम्बन्ध में एक साम्प्रदायिक निर्णय दिया, जिसमें उनके लिए भी पृथक निर्वाचन क्षेत्र बनाने की बात थी। भारतीय समाज में अनुसूचित जातियों और जन-जातियों की स्थिति बहुत ही शोचनीय रही थी, और अभी तक भी वह स्थिति पूरी तरह अच्छी नहीं हुई है। व्यवहार में अनुसूचित जातियों और जन-जातियों से जुड़े लोगों को कथित उच्चवर्गीय लोग बराबरी का स्तर प्रदान नहीं करते हैं। निश्चित रूप से वे सामाजिक, राजनीतिक और आर्थिक क्षेत्र में अन्यों से काफी पीछे हैं। उच्चवर्गीय लोगों में से अनेक की मानसिकता अभी भी संकीर्ण हैं, तथा वे अन्यों को समान स्तर प्रदान करने को तैयार नहीं हैं। यहाँ तक कि वे निम्नवर्गीय के साथ बैठने, खाने या रहने और उनके साथ उचित व्यवहार करने को तैयार नहीं हैं। यह स्थिति न केवल राष्ट्रीय एकता और हित के लिए हानिकारक है, अपितु मानवीयता के दृष्टिकोण से भी असहनीय है, तथा सर्वथा त्याज्य है।

महात्मा गाँधी ने ब्रिटिश प्रधानमंत्री रेम्जे मैक्डानोल्ड द्वारा अनुसूचित जातियों और जन-जातियों के लिए घोषित पृथक निर्वाचन व्यवस्था का विरोध किया। अतः जैसे ही मैक्डानोल्ड ने घोषणा की, महात्मा गाँधी ने विरोधस्वरूप भूख हड़ताल प्रारम्भ कर दी। अपने जीवन को दाव पर लगाकर भी उन्होंने अनुसूचित जातियों और जन-जातियों को शेष हिन्दुओं से पृथक नहीं होने दिया। महात्मा गाँधी की दृष्टि में, और जैसा कि सच्चाई भी है, अंग्रेजों का उक्त व्यवस्था को लागू करके

समाज को पुनः विभाजित करने का इरादा था। उन्होंने इसे रोका। लेकिन जैसा कहा है, कुल जनसंख्या का 25 या 26 प्रतिशत होने के बावजूद, अर्थात एक चौथाई होने के बाद भी, इन जातियों के लोग दूसरों से बहुत पीछे हैं; और अपनी अस्वस्थ मानसिकता के कारण कथित उच्चवर्गीय लोग उन्हें अपने समान नहीं देखते हैं।

रैम्जे मैक्डानोल्ड का निर्णय लागू न हो सके, इस हेतु महात्मा गाँधी के अनशन के चलते उक्त समुदायों के दो प्रमुख नेताओं, भीमराव अम्बेडकर और एस० सी० राजा व गाँधी के मध्य एक ऐतिहासिक समझौता हुआ, जिसे 'पूना पैक्ट' के नाम से जाना जाता है। इसी समझौते से प्रभावित होकर और महात्मा गाँधी का अनुसरण करते हुए 25 मई, 1932 को मदन मोहन मालवीय की अध्यक्षता में एक बड़ी परिषद का मुम्बई में आयोजन किया गया, जिसमें उपस्थित प्रत्येकजन ने अस्पृश्यता को छोड़ देने की प्रतिज्ञा की। लेकिन वास्तव में तो अभी भी इस दिशा में बहुत कुछ किया जाना शेष है। गाँधी के निधन को 60 वर्ष हो चुके हैं। स्थिति अभी भी ठीक नहीं है। कथित उच्चवर्गीय लोगों को अपनी मानसिकता अभी बदलनी है। उन्हें वास्तविकता को समझना है।

"नगरवासी बहुत कम जानते हैं कि कैसे आधा पेट भूखा रहने वाले भारतीय जनमानस शनैः-शनैः जीवनविहीन होते जा रहे हैं? वे इस बारे में भी बहुत कम जानते हैं कि उनकी सुविधाओं का आधार वही दलाली है, जो वे विदेशी शोषणकर्ताओं के लिए करते हैं, और जो अन्ततः जनमानस से झपटा हुआ, उनके खून पसीने से उत्पन्न हुआ धन ही है।"

–महात्मा गाँधी

5
कठिन परीक्षाएँ

"जनता को उनके अधिकार मिलेंगे ही। जिन्हें अपने आत्म-सम्मान की तनिक भी चिन्ता है, उन्हें सुधार जैसे अस्थाई और खोखले आश्वासनों से दूर रहना चाहिए।"

–महात्मा गाँधी

1917 से 1937 के मध्य के बीस वर्षों की अवधि में महात्मा गाँधी अपने सुदृढ़ अहिंसा के सिद्धान्त के बल पर काँग्रेस को मजबूत, जागृत और विशाल जन-संगठन बनाने में लगे रहे थे। इसी समय वे एक ऐसे शक्तिशाली नेता के रूप में उभरे कि जिनका कोई विकल्प नहीं रहा। उनकी छत्रछाया में ही काँग्रेस में श्रेष्ठ नेताओं का एक दल तैयार हुआ; उस दल ने काँग्रेस को जन-जन तक पहुँचाने का कार्य किया। शक्तिशाली और सुदृढ़ काँग्रेस के लिए कई बार कठिन परीक्षा की घड़ी भी आई; और उनमें से एक 1937 में प्रान्तों की विधान सभाओं के चुनावों के समय सामने आई, जो 'भारत-शासन अधिनियम 1935' के प्रावधानों के अनुसार होने थे। यद्यपि इससे पहले 1934 में केन्द्रीय विधान सभा के लिए हुए चुनावों में भी काँग्रेस ने भागीदारी की थी और उसने कुल पड़े मतों में से आधे से अधिक मत और स्थान प्राप्त किए थे, लेकिन अब मत डालने वालों की संख्या पहले से बहुत अधिक हो गई थी।[29]

वल्लभभाई पटेल की अध्यक्षता में काँग्रेस ने संसदीय बोर्ड का गठन किया। अबुल कलाम आज़ाद और राजेन्द्र प्रसाद, दो अन्य, इस बोर्ड के सदस्य बनाए गए। काँग्रेस अध्यक्ष जवाहरलाल नेहरू ने पूरे देश का दौरा करके जनता को चुनावों से सम्बन्धित सूचनाएँ दीं और जनचेतना का अच्छा कार्य भी किया। परिपक्व और योग्य नेताओं के सतत् प्रयासों, विशेष रूप में जवाहरलाल नेहरू, वल्लभभाई पटेल, राजगोपालाचारी, अबुल कलाम आज़ाद, राजेन्द्र प्रसाद, गोविन्द बल्लभ पन्त, अब्दुल गफ्फार खान, शंकरराव देव, गोपीनाथ बारडोलोई, टी० प्रकाशम और सुभाषचन्द्र बोस आदि के कठिन परिश्रम से भारतीय

राष्ट्रीय काँग्रेस ने चुनावों में अधिकांश सीटें जीत लीं। 6 राज्यों में काँग्रेस को पूर्ण बहुमत मिला।[30] इन राज्यों में इसी के बल पर काँग्रेस ने स्वयं अपनी सरकारें बनाईं।[31] असम, उत्तर-पश्चिम सीमा प्रान्त और सिन्ध में काँग्रेस सबसे बड़े दल के रूप में उभरा।[32] बंगाल और पंजाब में काँग्रेस को अनेक सीटें प्राप्त हुईं।[33] इस सफलता से गाँधी का व्यक्तित्व और बड़ा हुआ। इसी के साथ-साथ, भारतीय राष्ट्रीय काँग्रेस देश के ऐसे राजनीतिक संगठन के रूप में सामने आया, जो एक और सबसे शक्तिशाली और जनता का प्रतिनिधित्व करता था, तथा दूसरी ओर भारत के सभी धर्म-सम्प्रदायों, वर्गों और जातियों, तथा क्षेत्रों का प्रतिनिधित्व भी करता था। इस समय अल्बर्ट आइन्सटीन की गाँधी के व्यक्तित्व के सम्बन्ध में टिप्पणी बहुत ही अच्छी और वास्तविक थी। उनके अनुसार, "वे अपने देशवासियों के ऐसे नेता हैं, जिन्होंने किसी बाहरी शक्ति से कोई सहायता नहीं ली है। वे एक ऐसे अलग श्रेणी के राजनेता हैं, जिनकी सफलता किसी चाल पर निर्भर नहीं करती है; तकनीकी के पूर्ण ज्ञान पर भी वह आधारित नहीं है। इसका आधार तो उनके स्वयं अपने व्यक्तित्व की विश्वास से भरी शक्ति है। वे एक ऐसे विजयी योद्धा हैं, जिन्होंने सदा बल-प्रयोग को अनदेखा किया है। वे एक ऐसे बुद्धिमान और विनम्र व्यक्ति हैं, जिनके भीतर अनोखी दृढ़ता है, जो अपने आदर्शों से बँधे हैं तथा जिन्होंने अपनी समस्त शक्ति अपने देशवासियों की दशा को सुधारने में लगाई है। उन्होंने यूरोपीय अमानुषिकता का प्रतिकार किया है एवं एक सीधे तथा साधारण मस्तिष्कधारक के रूप में अपने को श्रेष्ठ स्तर पर बनाए रखा है। कदाचित् यह सम्भव है कि भावी पीढ़ियाँ कठिनता से यह विश्वास करें कि गाँधी जैसा मानव इस पृथ्वी पर सशरीर उपस्थित रहा था।"

वर्ष 1939 के प्रारम्भ से ही महात्मा गाँधी और काँग्रेस के समक्ष कई बार गम्भीर समस्याएँ भी आईं। कदाचित् हम आज सामान्यतः ऐसा विश्वास भी न करें कि देश की स्वतंत्रता के लिए संघर्ष के समय ऐसी गम्भीर परिस्थितियाँ प्रस्तुत हुई होंगी। लेकिन इतिहास उस घटनाक्रम का साक्षी है। विधि के विधान से जो होना था वह होकर ही रहा। उसी समय महात्मा गाँधी के नेतृत्व में, अनेक उतार-चढ़ावों के मध्य भारतीय स्वतंत्रता के स्पष्ट संकेत के साथ, स्वाधीनता का अन्तिम चरण प्रारम्भ हुआ। वही गाँधीवादी युग की समाप्ति का काल भी था।

भारतीय राष्ट्रीय काँग्रेस के इतिहास में मतभेदों का उभरना और सैद्धान्तिक रूप से वैचारिक भिन्नताओं का होना कोई नई बात नहीं रही थी। कड़वाहट व भिन्नता की भावना से भरपूर घटनाक्रम को 1907 के सूरत काँग्रेस अधिवेशन में भली-भाँति देखा जा सकता था। तदोपरान्त असहयोग आन्दोलन के 1922 में स्थगनोपरान्त जो वैचारिक मतभेद काँग्रेसियों में उत्पन्न हुए, उनके सम्बन्ध में मैं पहले भी उल्लेख कर चुका हूँ। लेकिन गाँधीवादी युग में काँग्रेस को सबसे तगड़ा झटका 1939 में उस समय लगा जब देश की युवा-शक्ति के प्रतीक सुभाषचन्द्र बोस त्रिपुरी अधिवेशन में गाँधीजी की इच्छा के विरुद्ध काँग्रेस-अध्यक्ष चुने गए और संगठन में भारी मतभेद सामने आने लगे। सुभाषचन्द्र बोस 1938 में गाँधीजी के आशीर्वाद और समर्थन से हरिपुरा काँग्रेस के अध्यक्ष निर्वाचित हुए थे। यही कारण भी था कि चुनाव निर्विरोध हुआ था। लेकिन 1939 में जब वे पुनः काँग्रेस अध्यक्ष पद के दावेदार बने, तो महात्मा गाँधी उनके पक्ष में नहीं थे। गाँधी की इच्छा की चिन्ता न करके भी सुभाष बाबू ने चुनाव लड़ा और गाँधी

द्वारा समर्थित उम्मीदवार बी० पट्टाभि सीतारमैय्या को हराकर वे अध्यक्ष निर्वाचित हुए।

सुभाष बाबू के दूसरी बार के चयन को महात्मा गाँधी ने अपनी व्यक्तिगत पराजय माना। अब यह बात स्वाभाविक रूप में जिज्ञासामयी हो सकती है कि 1938 में तो गाँधी ने सुभाष का समर्थन किया, हृदय से उनके लिए सफलता की कामना की, लेकिन एक ही वर्ष के बाद 1939 में उनके दोबारा चयन के वे पक्ष में नहीं थे और उनकी विजय को उन्होंने अपनी व्यक्तिगत पराजय माना, तो क्यों? मैं व्यक्तिगत रूप में ऐसा नहीं मानता हूँ कि उक्त एक वर्ष की अवधि में सुभाष बाबू की ओर से महात्मा गाँधी के प्रति सम्मान में कोई कमी आ गई थी। वास्तविकता यह थी कि सुभाष बाबू कभी भी सरदार पटेल, राजेन्द्र बाबू अथवा बादशाह खान की भाँति गाँधी के अनुयाई नहीं रहे थे। लेकिन फिर वे गाँधी का पूरा-पूरा सम्मान करते थे। स्वयं गाँधी इस वास्तविकता से परिचित थे। यहाँ मैं एक बात और स्पष्ट करना चाहूँगा और वह यह कि सुभाषचन्द्र बोस महात्मा गाँधी के नेतृत्व को कोई चुनौती देने की बात भी नहीं सोच रहे थे। फिर क्या कारण था कि गाँधी ने सुभाष को त्रिपुरी काँग्रेस अधिवेशन में अध्यक्ष के रूप में देखना पसन्द नहीं किया था।

1939 में भारतीय राष्ट्रीय काँग्रेस का अधिवेशन उस समय आहूत किया गया था जब द्वितीय विश्वयुद्ध प्रारम्भ हुआ। यह निश्चित ही था कि विश्वयुद्ध का प्रभाव ब्रिटिश भारत पर पड़ेगा ही। ऐसी स्थिति में भारतीयजन क्या करेंगे? गाँधी इस सम्बन्ध में जनता के समक्ष अपना मत रखना चाहते थे। निःसन्देह वे अहिंसा के पुजारी थे, इसलिए उनकी इच्छा थी कि ऐसी स्थिति में काँग्रेस का अध्यक्ष वही

होना चाहिए, जो उनके सिद्धान्त से अधिकाधिक सहमत हो। लेकिन सुभाष से ऐसी कोई आशा नहीं रखी जा सकती थी। सुभाष तो अंग्रेजों के विरुद्ध संघर्ष में मुसोलिनी, हिटलर और जापान के लोगों से सहयोग लेने के लिए भी तैयार थे।[34] मैं फिर दोहराता हूँ कि सुभाषचन्द्र बोस देशभक्तों में देशभक्त थे, और उनकी देशभक्ति को किसी प्रमाणपत्र की आवश्यकता नहीं थी। देश की स्वाधीनता के लिए सुभाष बाबू हिंसक साधन अपनाने को भी तैयार थे। विशेष रूप से दुर्बल पड़ते शत्रु को, और शत्रु की दुर्बलता का लाभ उठाते हुए, वे उसे पछाड़ने के पक्षधर थे। दूसरी ओर गाँधी शत्रु की दुर्बल स्थिति का लाभ उठाकर और हिंसा का मार्ग चुनकर उसे पराजित करने के तनिक भी पक्ष में नहीं थे।

सुभाष काँग्रेस के अध्यक्ष बन गए और उन्होंने काँग्रेस कार्य-समिति में सदस्यों की नियुक्ति के लिए गाँधी से परामर्श माँगा। गाँधी ने उन्हें परामर्श दिया कि वे अपनी इच्छा से ही ऐसा करें। ऐसा करते समय गाँधी ने स्पष्ट किया कि यदि वे सदस्यों की नियुक्ति के बारे में परामर्श देंगे, तो वह कार्य एक प्रकार से उन पर इच्छा को लादने के समान होगा। इसलिए इच्छानुसार और सुविधानुसार अपनी समिति का चयन करके सुभाष को स्वयं अपना कार्य आगे बढ़ाना चाहिए। इस कार्यवाही से दोनों के बीच कुछ दूरियाँ बढ़ीं। उपरान्त एक ऐसा वातावरण, अनिश्चितता की स्थिति बन जाने के कारण, साथ ही घटनाक्रम में गम्भीर मोड़ आ जाने के कारण और गाँधी-सुभाष के मध्य सूचना के सही आदान-प्रदान न हो पाने के कारण, निर्मित हुआ कि दुर्भाग्य से सुभाष बाबू ने काँग्रेस-अध्यक्ष-पद त्याग दिया। उसके बाद उन्होंने 'फार्वर्ड ब्लाक' नामक एक नया राजनीतिक दल गठित किया। विपरीत

इसके, भारतीय राष्ट्रीय काँग्रेस ने अपनी कलकत्ता बैठक में राजेन्द्र बाबू को सुभाषचन्द्र बोस के स्थान पर अपना नया अध्यक्ष निर्वाचित किया। काँग्रेस को सुभाष के जाने से तगड़ा झटका लगा और उसे असमय हानि पहुँची; लेकिन कुछ ही समय बाद हानि की भरपाई हो गई, काँग्रेस खड़ी हो गई।

अब सुभाषचन्द्र बोस ने साम्राज्यवाद की बेड़ियाँ काटने के लिए दूसरा मार्ग चुना। इसके लिए उन्होंने दूसरे साम्राज्यवादियों का सहयोग लिया। गाँधी अपने मार्ग पर दृढ़ व अडिग रहे। समय का चक्र घूमा। साम्राज्यवादियों के मध्य द्वितीय विश्वयुद्ध छिड़ चुका था। विभिन्न प्रान्तों में जनता द्वारा निर्वाचित काँग्रेसी सरकारें कार्य कर रहीं थीं। लेकिन उनकी कोई चिन्ता किए बिना, एक पक्षीय कदम उठाते हुए साम्राज्यवादी ब्रिटिश सरकार ने भारत को भी युद्ध का एक पक्ष घोषित कर दिया। विरोधस्वरूप प्रान्तों में कार्यरत काँग्रेसी सरकारों ने कार्यालय छोड़ दिए। 1939 की शरद ऋतु में देशभर में अंग्रेजों का जनता द्वारा विरोध किया गया। परिणामस्वरूप तत्कालीन वायसराय लिनलिथगो ने भारत-शासन अधिनियम 1935 में संशोधन करके दमनकारी उपाय करने के संकेत दिए। विशेष रूप से भारत-रक्षा अधिनियम के माध्यम से जनता को कुचलने की ठानी। दूसरी ओर देश के लिए स्वराज्य प्राप्त करने के उद्देश्य से महात्मा गाँधी ने अन्तिम संघर्ष करने की तैयारी प्रारम्भ की। पहले 'व्यक्तिगत सत्याग्रह' और उसके बाद 'भारत छोड़ो आन्दोलन' उसी संघर्ष के दो चरण थे। इनके सम्बन्ध में भी हम चर्चा करेंगे, लेकिन उससे पहले संक्षेप में यदि 1938-1939 के राजकोट सत्याग्रह की बात करेंगे, तो ऐसा करना अप्रासंगिक नहीं होगा। राजकोट सत्याग्रह एक अलग प्रकार का सत्याग्रह था और उस स्थान से जुड़ा हुआ था, जहाँ कभी गाँधीजी के पिता कार्यरत रहे थे।

बीसवीं शताब्दी के चौथे दशक में भारत के कई देशी राज्यों की जनता ने भी संघर्ष प्रारम्भ किए थे। इन्हीं संघर्षों में से एक सरदार वल्लभभाई पटेल के नेतृत्व और निर्देशन में 1938 में राजकोट की जनता का संघर्ष भी था। एक समय गाँधीजी के पिता, जैसा कि उल्लेख किया, राजकोट के दीवान रहे थे। राजकोट के शासक लखाजीराज एक निर्भीक और उत्तरदायी व्यक्ति थे। वे जनता की दयनीय स्थिति और उसकी कठिनाइयों से परिचित थे। जनता की शासन में भागीदारी सुनिश्चित हो, इस उद्देश्य से लखाजीराज ने एक 'जन-सलाहकार समिति' का गठन किया था। वे गाँधीजी का भी बहुत आदर करते थे और जब कभी भी गाँधीजी उनके पास आते थे, तो वे उन्हें अपने दरबार में उचित आसन देते थे। लखाजीराज के निधन के बाद उनके पुत्र धर्मेन्द्र सिंह राजकोट के शासक बने। वे अपने पिता के एकदम विपरीत स्वभाव वाले थे। धर्मेन्द्र सिंह अपने दीवान वीराँवाला के माध्यम से अपना राजकाज चलाते थे। चूँकि उनके शासनकाल में राजकोट की जनता की कठिनाइयाँ बढ़ने लगी थीं, इसलिए जनता ने अन्ततः संघर्ष का मार्ग चुना।

1939 में स्वयं महात्मा गाँधी ने राजकोट सत्याग्रह से अपनी सम्बद्धता की घोषणा की। इसी कड़ी में उन्होंने अपनी धर्मपत्नी कस्तूरबा को वहाँ भेजा, जो वल्लभभाई की पुत्री मणिबेन पटेल और मृदुला साराभाई के साथ 27 फरवरी, 1939 को बन्दी बना ली गईं। गाँधीजी स्वयं राजकोट पहुँचे तथा उन्होंने सारी स्थिति का अवलोकन किया। वे इस परिणाम पर पहुँचे कि संघर्ष की राह पर जनता का पक्ष सत्यमय है और राजकोट के शासक एवं उनके दीवान वीराँवाला जनता के साथ अन्याय कर रहे हैं। इसीलिए उन्होंने घोषणा की कि वे 3

मार्च, 1939 से राजकोट में अनशन प्रारम्भ करेंगे तथा जब तक जनता को न्याय नहीं मिल जाता, वे उसे समाप्त नहीं करेंगे। इस घोषणा के साथ-साथ महात्मा गाँधी ने वायसराय लिनलिथगो से यह अनुरोध भी किया कि वे भारत के मुख्य न्यायाधीश के परामर्श से राजकोट की समस्या के सम्बन्ध में एक जाँच समिति नियुक्त करे। वायसराय ने उनके अनुरोध को स्वीकार करके तुरन्त कार्यवाही की। उसकी जाँच प्रारम्भ कराई गई और आख्या आने के तुरन्त बाद निर्णय भी दे दिया गया, जिसमें जनता को सच्चा पाया गया। जनता के दमन की बात को आख्या में स्वीकार करके सरदार वल्लभभाई पटेल के निर्देशन में और बाद में महात्मा गाँधी के परामर्श से प्रारम्भ किए गए जन-संघर्ष को न्यायोचित ठहराया गया। परिणाम यह हुआ कि राजकोट के शासक ने 7 मार्च, 1939 को एक जन-समझौता किया और अब कस्तूरबा, मणिबेन, मृदुला, यू० एन० ढेबर तथा दूसरे सत्याग्रही कारागार से मुक्त हो गए। शासक धर्मेन्द्र सिंह ने जनता को समस्त सुविधाएँ देने की घोषणा की।

लेकिन राजकोट के दीवान वीराँवाला बहुत बड़े अवसरवादी थे और साथ ही वे चालाक भी थे। उनका दृष्टिकोण जन-विरोधी था। अपने जीवन में उन्होंने कभी भी वचन का पालन नहीं किया था और ये सभी दुर्गुण उनकी राजनीति का भाग थे। इसलिए अपने दीवान वीराँवाला के प्रभाव में आकर शासक धर्मेन्द्र सिंह उन कुछ सुविधाओं को देने से भी मुकर गए, जो 3 मार्च, 1939 को समझौता करते समय जनता को प्रदान करने को उन्होंने कहा था। तब भी जनता घाटे में रहने वाली नहीं थी। संघर्ष ने कुछ तो अपरिहार्य बना ही दिया था। महात्मा गाँधी असन्तुष्ट थे, और शासक के व्यवहार से उन्हें दुख

पहुँचा। महात्मा गाँधी ने अब जनता को धैर्य रखने और साथ ही प्रतीक्षा करने, परन्तु अहिंसक मार्ग पर दृढ़ रहते हुए पूर्ण स्वराज्य प्राप्ति के उद्‌देश्य से लम्बे संघर्ष का आह्वान किया। उन्होंने जनता को आधे-अधूरे सुधारों से दूर रहने को भी कहा। उन्हीं के शब्दों में:

"मेरा विश्वास है कि अन्ततः राजकोट की जनता को उनके अधिकार मिलेंगे ही। राजकोटवासियों में से जिन्हें अपने आत्मसम्मान की तनिक भी चिन्ता है, उन्हें सुधार जैसे अस्थाई और खोखले आश्वासनों से दूर रहना चाहिए। यदि उन्हें मुझ पर विश्वास है, तो उन्हें स्थिति पर दृष्टि रखनी चाहिए, प्रतीक्षा करनी चाहिए, धैर्य रखते हुए प्रार्थना करनी चाहिए और कताई के कार्य में लग जाना चाहिए। ऐसा करने से वे पाएँगे कि वे तो वास्तव में अहिंसक मार्ग से, जो कि सत्यमय मार्ग भी है, राजकोट में स्वाधीनता का ताना-बाना बुनने वाले भी हैं।"

इस प्रकार महात्मा गाँधी द्वारा राजकोटवासियों को दिए गए सन्देश का अर्थ था, देश के सैकड़ों देशी राज्यों की जनता को, जो अपने-अपने संघर्षों के लिए तैयार हो रही थी, दिशा-निर्देश; यद्यपि वह प्रसंग विशेषतः उस समय था राजकोट से ही सम्बन्धित।

उक्त घटनाक्रम के माध्यम से, विशेषकर देशी राज्यों के शासकों की मानसिकता और जनता की इच्छा व क्षमता को, न्यूनाधिक, मापा जा सका था। लेकिन राजकोट से अपनी सम्बद्धता के बाद, वायसराय से हस्तक्षेप की माँग को भी स्वयं महात्मा गाँधी ने बाद में अनुचित माना। कृपलानी के अनुसार, "गाँधी घटना से अप्रसन्न थे, क्योंकि उन्होंने अनुभव किया कि वायसराय को हस्तक्षेप के लिए कहकर उन्होंने अनुचित किया, वह इसलिए कि ऐसा करना सत्याग्रह को दुर्बल

करने और उसे लादने के समान बनाने वाला कार्य था।" फिर भी, जैसा कि उल्लेख किया है, जनता को मापने और शासकों की मानसिकता को जानने का, राजकोट के घटनाक्रम से, अच्छा कार्य हो सका था। इस कार्य से निश्चिततः स्वतंत्रता के बाद एकीकरण की प्रक्रिया में सहायता मिली थी।

❖❖❖

6

व्यक्तिगत सत्याग्रह

"मैं हवाई किले नहीं बनाता हूँ। मैं जमीन से जुड़ा हुआ हूँ, जमीनी हूँ। मैं कभी भी हवा में नहीं रहा हूँ। मैं भी मिट्टी से बना आपके समान ही प्राणी हूँ, साधारण मानव हूँ। यदि ऐसा नहीं होता, तो हम सब एक साथ मिलकर बीस वर्षों तक कार्य नहीं कर पाते। अहिंसा मेरे लिए धर्म है और मेरे जीवन का आधार है।"

–महात्मा गाँधी

जैसा कि पहले चर्चा की है, बिना किसी परामर्श के साम्राज्यवादी सरकार ने भारत को द्वितीय विश्वयुद्ध का एक पक्ष घोषित कर दिया और सरकार के इस निर्णय के विरोधस्वरूप काँग्रेसी सरकारें, जो प्रान्तों में कार्यरत थीं, अपने-अपने कार्यालयों को छोड़कर बाहर आ गईं, तथा साम्राज्यवादी भारत सरकार ने दमनकारी उपायों का सहारा लेना प्रारम्भ कर दिया। परिणामस्वरूप महात्मा गाँधी के नेतृत्व एवं निर्देशन में भारत की स्वाधीनता के संग्राम का अन्तिम चरण प्रारम्भ हुआ। पूर्व में संचालित सत्याग्रहों या आन्दोलनों की तुलना में महात्मा गाँधी का दृष्टिकोण, विशेष रूप से अपने आदर्श-अहिंसा- को केन्द्र में रखकर, अब भिन्न था। दूसरे शब्दों में, अपने सिद्धान्त के व्यवहार के बारे में वे अब अधिक दृढ़ थे। यद्यपि प्रथम विश्वयुद्ध के दौरान उन्होंने अंग्रेजों की सहायता की थी; अनेक अवसरों पर गाँधीजी का साम्राज्यवादियों के प्रति दृष्टिकोण उदार रहा था, लेकिन इस समय अपने सक्रिय सिद्धान्त से लेशमात्र भी कोई समझौता करने को, या उसमें किसी भी स्थिति में ढ़ील देने को वे तैयार नहीं थे। यदि ब्रिटिशजन अपनी सहायता के बदले में भारत को स्वाधीनता देने की बात भी करें, तो अपने सिद्धान्त से हटकर वे ऐसा करने को भी तैयार नहीं थे। दूसरी ओर जवाहरलाल नेहरू इस विचार के थे कि यदि अंग्रेज युद्धोपरान्त स्वराज्य देने का वचन दें, तो उनकी युद्ध में सहायता करनी चाहिए। इस सम्बन्ध में नेहरू ने एक वक्तव्य भी जारी किया था। यही नहीं, दूसरे बड़े नेताओं जैसे कि अबुल कलाम आज़ाद और वल्लभभाई पटेल भी इसी मत के थे।

इसी घटनाक्रम के चलते काँग्रेस के भारत के एक राष्ट्र के

सिद्धान्त के विरुद्ध मुस्लिम लीग ने मुहम्मद अली जिन्ना की अध्यक्षता में 20 से 24 मार्च, 1940 को लाहौर में हुए अपने अधिवेशन में मुसलमानों के लिए एक पृथक देश की माँग का प्रस्ताव पारित किया। दूसरी ओर काँग्रेस के कई नेताओं में, जो सैद्धान्तिक रूप में गाँधीजी से उस समय मतभेद भी रखते थे, उनके नेतृत्व, निर्देशन और उनकी कार्य पद्धति के प्रति कोई संशय नहीं था। वे गाँधीजी के नेतृत्व के प्रति वचनबद्ध थे। इसीलिए 1940 के अपने रामगढ़ अधिवेशन में, जो कि अबुल कलाम आज़ाद की अध्यक्षता में बुलाया गया, भारतीय राष्ट्रीय काँग्रेस ने महात्मा गाँधी से बड़े पैमाने पर संघर्ष छेड़ने का अनुरोध किया था। उनसे इस सन्दर्भ में ठोस कार्यवाही की विनती की गई थी। आन्दोलन का स्वरूप क्या होगा? वह कब प्रारम्भ होगा? इस बारे में समस्त अधिकार महात्मा गाँधी को दिए गए। साथ ही हिन्दू-मुस्लिम एकता पर अधिवेशन में बल दिया गया, और यही कारण था कि उस गम्भीर समय में भी आज़ाद को काँग्रेस-अध्यक्ष बनाया गया। महात्मा गाँधी हिन्दू-मुस्लिम एकता के लिए प्रतिबद्ध थे। वे कोई पृथक देश भी नहीं चाहते थे; इसलिए एक धर्म-सम्प्रदाय विशेष के नाम पर बनाए जाने वाले देश की मुस्लिम लीग की माँग का उन्होंने पूरा-पूरा विरोध किया।

दूसरी ओर तीव्रता से घटनाक्रम परिवर्तित हो रहा था। ऐसा होना स्वाभाविक था। यूरोप में युद्ध नई दिशा पकड़ रहा था। भारत के वायसराय महात्मा गाँधी एवं दूसरे नेताओं से निरन्तर वार्ताएँ करके यह प्रयास कर रहे थे कि भारतीयजन महायुद्ध में अंग्रेजों का साथ दें। हमने इस विषय पर पहले ही पर्याप्त चर्चा की है, जिसमें विशेष रूप से महात्मा गाँधी के दृष्टिकोण का उल्लेख किया है। लेकिन उपरान्त

जैसे ही अन्तर्राष्ट्रीय स्तर पर परिस्थितियाँ परिवर्तित होनी प्रारम्भ हुईं, महात्मा गाँधी ने काँग्रेस कार्य समिति से अपने पृथक्करण की घोषणा करके नेहरू व अन्यों के दृष्टिकोण से सहमति भी जता दी। इस हेतु 3 और 7 जुलाई, 1940 के मध्य काँग्रेस कार्यसमिति की बैठकें हुईं, और इसके बाद महात्मा गाँधी ने काँग्रेस के सरकार को सहयोग के बारे में वायसराय लिनलिथगो को एक पत्र लिखा।[35] फिर 27 सितम्बर, 1940 को गाँधी-लिनलिथगो बैठक हुई, जिसमें महात्मा गाँधी ने वायसराय के समक्ष प्रस्ताव किया कि वे स्वयं तथा उनके साथी देशवासियों के समक्ष विश्वयुद्ध के बारे में अपना विचार रखना चाहेंगे, एवं वे स्वयं इस कार्य को मुम्बई से प्रारम्भ करना चाहेंगे। वायसराय ने उनसे ऐसा न करने को कहा। यहाँ तक कि वायसराय ने चेतावनी भरे शब्दों में गाँधी से कहा कि जनता को युद्ध के बारे में बताने की जो बात वे कर रहे हैं, वह एक प्रकार से युद्ध-प्रयासों में हस्तक्षेप के समान है, जिसे सरकार सहन नहीं करेगी। दोनों के मध्य तीन घण्टे तक नरम-गरम चर्चा चली, लेकिन चर्चा से कोई ठोस परिणाम सामने नहीं आया। 30 सितम्बर, 1940 को दोनों के बीच वार्ता असफलता में परिवर्तित हो गई। चूँकि काँग्रेस ने तो पहले ही गाँधीजी को कोई ठोस कदम उठाने का अधिकार दे दिया था, और आगे कोई सार्थक वार्ता की आशा गाँधीजी को थी नहीं, इसलिए उन्होंने सत्याग्रह प्रारम्भ करने की तैयारी की।

1930 में नमक कानून भंग करके महात्मा गाँधी ने सविनय अवज्ञा हेतु देशवासियों का आह्वान किया था। अब जनता को युद्ध के बारे में वास्तविकता से परिचित कराने के उद्देश्य से, वह भी लोगों के द्वार पर जाकर, उन्होंने व्यक्तिगत स्तर से सत्याग्रह छेड़ने की योजनाबद्ध

रूप में तैयारी की। योजनानुसार, "एक चयनित परन्तु उत्तरदायी व्यक्ति जनता के समक्ष सभा में उच्चारणार्थ कुछ युद्ध विरोधी नारे तय करेगा, और इस सम्बन्ध में पहले से ही जिलाधिकारी को सूचित करेगा कि वह जनसभा में उन नारों के साथ सत्याग्रह प्रारम्भ करेगा। इसके अतिरिक्त वह जनसभा में और कुछ नहीं बोलेगा।"

इस क्रम में विनोबा भावे को प्रथम सत्याग्रही के रूप में चुनकर महात्मा गाँधी ने सबको आश्चर्यचकित कर दिया। सबको आशा थी कि महात्माजी स्वयं अपने से ही सत्याग्रह को प्रारम्भ करेंगे। 3 कारणों का खुलासा करते हुए[36] 17 अक्टूबर, 1940 को पॅवनार आश्रम से विनोबा ने सत्याग्रह प्रारम्भ किया। वे तीन कारण थे:

1. अंग्रेजों द्वारा काँग्रेस की राष्ट्रीय स्तर पर अस्थायी सरकार की माँग को न मानना;

2. वायसराय लिनलिथगो द्वारा अभिव्यक्ति की स्वतंत्रता न दिए जाना; एवं

3. बिना सहमति के अंग्रेजों द्वारा एकपक्षीय रूप में भारत को युद्ध का पक्ष घोषित करना।

आगामी तीन दिनों तक[37] विनोबा भावे ने तीनों कारणों को आमजन के सामने रखा और सत्याग्रह प्रारम्भ करने को न्यायोचित ठहराया। उन्होंने इसी कड़ी में सरगाँव, सालु और देवली नामक तीन ग्रामों का, जो कि पॅवनार के निकट ही थे, दौरा किया। सरकार ने उन्हें 21 अक्टूबर, 1940 को बन्दी बनाया और फिर उन्हें 2 माह के लिए कारागार भेजा गया। सरकार इतना घबरा गई थी कि उसने युद्ध-विरोधी किसी भी प्रकार के प्रचार पर प्रतिबंध लगा दिया। गाँधीजी को इसकी भी कोई चिन्ता नहीं थी। जवाहरलाल नेहरू का दूसरे सत्याग्रही के रूप

में चयन किया गया, लेकिन वे सत्याग्रह प्रारम्भ करें, इससे पहले ही 31 अक्टूबर, 1940 को चौकी रेलवे स्टेशन पर उन्हें बन्दी बना लिया गया। नेहरू को चार वर्ष के लिए कारागार भेजा गया। ब्रह्मदत्त तीसरे सत्याग्रही थे, जिन्हें बन्दी बनाया गया, और फिर यह क्रम चल निकला। नेहरू ही की भाँति 17 नवम्बर, 1940 को वल्लभभाई पटेल भी बन्दी बनाए गए।

महात्मा गाँधी ने सत्याग्रह की गतिविधियों को विस्तार दिया। उन्होंने देशभर में सत्याग्रह का आह्वान किया, लेकिन अहिंसा और रचनात्मक कार्यों के प्रति वचनबद्धता के साथ ही। सारे देश से सत्याग्रहियों में होड़ लग गई; लोग चेतना से भर गए। सरकार ने दबाव और सत्याग्रहियों के दमन का मार्ग अपनाया। आन्दोलन को कुचलने व जनता का दमन करने के उद्देश्य से अध्यादेश जारी किए गए। 1940 के अन्त तक 3,000 सत्याग्रही गिरफ्तार किए गए। इनमें प्रथम पंक्ति के नेता, काँग्रेस कार्य-समिति के सदस्य, और प्रान्तीय काँग्रेस समितियों के अध्यक्ष सम्मिलित थे।[38] इस प्रकार प्रमुख लोगों की भागीदारी से जनता में उत्साह की लहर दौड़ गई। देश में स्वतंत्रता के प्रति जागरूकता का वातावरण बन गया। सारे देश से सरकार द्वारा उठाए गए कदमों का तीव्र विरोध हुआ। गाँधी के समर्थन में सभी लोग आ गए। जनता में यह बात आम हो गई कि सरकार युद्ध में भागीदारी करके केवल इंग्लैण्डवासियों के हितों को ही सुरक्षित करना चाहती है, अर्थात, युद्ध से भारत के हित की कोई बात ही नहीं है तथा इससे भारतवासियों को कुछ भी नहीं मिलेगा।

1941 प्रारम्भ हुआ। काँग्रेसाध्यक्ष मौलाना अबुल कलाम आज़ाद जेल जाने वाले प्रथम सत्याग्रही बने। उनके बाद संख्या में निरन्तर वृद्धि

हुई। युद्ध का वातावरण था, 20 हजार से अधिक सत्याग्रही जेलों में जा चुके थे, और यह क्रम अभी जारी था। ऐसे में सरकार क्या करे? और कितनों को सरकार बन्दी बनाए? अन्ततः युद्ध के विरोध में बोलने वाले सत्याग्रहियों को सरकार ने बन्दी बनाना बन्द कर दिया। इंग्लैण्ड में चिन्ता व्याप्त थी; और स्थिति शोचनीय थी। इसका कारण यह था कि यूरोप के उपरान्त अब युद्ध एशिया की ओर बढ़ रहा था। अमेरीकी आधिपत्य वाले फिलीपीन्स को जापान ने उससे छीन लिया था। ईस्ट इण्डीज, मलाया और सिंगापुर पर भी जापान ने अधिकार कर लिया था। अब बर्मा की ओर से जापानियों के भारत आने का भय था।

इन परिस्थितियों में, सरकार ने क्षण-प्रतिक्षण की काँग्रेस की गतिविधियों पर दृष्टि रखनी प्रारम्भ की; काँग्रेस के व्यक्तिगत सत्याग्रह कार्यक्रम को जाँचा और इस सबके युद्ध की स्थिति पर पड़ने वाले प्रभाव का अनुमान लगाया। परिणामस्वरूप सरकार ने उदार दृष्टिकोण अपनाते हुए सबसे पहले तीन दिसम्बर, 1941 को जवाहरलाल नेहरू को कारागार से मुक्त किया, उसके बाद अबुल कलाम आज़ाद एवं दूसरे बन्दियों को छोड़ा गया। इस समय लगभग 25000 काँग्रेसी या काँग्रेस समर्थक जेलों में बन्द थे।

काँग्रेस ने पुनः उत्साह के साथ कार्य प्रारम्भ किया। व्यक्तिगत सत्याग्रह की गति धीमी पड़ चुकी थी। काँग्रेस ने यद्यपि एक बार पुनः अंग्रेजों को युद्ध में सहयोग देने की बात पर विचार किया, लेकिन महात्मा गाँधी का दृष्टिकोण एक बार पुनः पहले की ही भाँति दृढ़ था। अपने अहिंसा के सिद्धान्त के व्यवहार पर वे ज्यों-के-त्यों थे और इस सन्दर्भ में वे कोई समझौता नहीं करना चाहते थे। इसीलिए उन्होंने

काँग्रेस कार्य-समिति से अनुरोध किया कि उन्हें उत्तरदायित्व से मुक्त कर दिया जाए, ताकि उनकी विचारधारा को लेकर संगठन में कोई विवाद न रहे। 23 दिसम्बर, 1941 को अपनी बारडोली की बैठक में काँग्रेस कार्य-समिति ने महात्मा गाँधी की इच्छा को स्वीकार कर लिया।

महात्मा गाँधी अहिंसा के प्रति कितने प्रतिबद्ध थे? अहिंसा उनके लिए कितनी महत्त्वपूर्ण थी? इसको उनकी इसके प्रति उस समय सुदृढ़ता से भली-भाँति जाना जा सकता है। उनकी वह सुदृढ़ता आज भी अनुकरणीय है। अहिंसा को कैसे प्रयोग में लाया जाए, समय पर इसका किस प्रकार सदुपयोग हो, किस भाँति यह लागू हो? यह सब भी उस समय के उनके दृढ़ निश्चय व कार्य से समझा जा सकता है। जनवरी, 1942 में इस सम्बन्ध में उन्होंने स्वयं कहा थाः

"जब मौलाना ने मुझे आसमान पर बैठा दिया, तो मैं तनिक भी प्रभावित नहीं हुआ था।[39] मैं हवाई किले नहीं बनाता हूँ। मैं जमीन से जुड़ा हुआ हूँ, जमीनी हूँ। मैं कभी भी हवा में नहीं रहा हूँ। मैं भी मिट्टी से बना आपके समान ही प्राणी हूँ, साधारण मानव हूँ। यदि ऐसा नहीं होता, तो हम सब एक साथ मिलकर बीस वर्षों तक कार्य नहीं कर पाते। अहिंसा मेरे लिए धर्म है और मेरे जीवन का आधार है। लेकिन काँग्रेस के समक्ष एक राजनीतिक उपाय के तौर पर इसे प्रस्तुत करना मेरा धर्म नहीं रहा है, वैसे इसको अपनाने से काँग्रेस का राजनीतिक चरित्र, हीन भी नहीं हुआ है। मैंने सबसे पहले दक्षिणी अफ्रीका में इसका प्रयोग किया और उसके बाद मुझे लगा कि काँग्रेस जिन कथित संवैधानिक सुधारों के लिए भारत में कार्य करती है... उसमें वह असफल रही है। वास्तव में प्रश्न उन भारतीयों के राजनीतिक अस्तित्व का था, जो दक्षिणी अफ्रीका में रहते हुए व्यापार करते थे, या श्रमिक

आदि थे। उनके लिए जीवन–मरण का प्रश्न था; और उनके प्रश्न को हल करने के लिए अहिंसक उपाय मैंने किया। जो विभिन्न ढंग इस दिशा में मैंने अपनाए, वे काल्पनिक नहीं थे और न ही स्वप्न थे। वे उस व्यावहारिक व्यक्ति के कार्य थे, जो एक राजनीतिक प्रश्न को सुलझा रहा था। राजनीतिक ढंग के रूप में इसे सदा परिवर्तित किया जा सकता है; इसमें परिवर्तन की सम्भावना है। इसका विकल्प भी हो सकता है और यहाँ तक कि इसके मुकाबले में दूसरे को प्राथमिकता भी दी जा सकती है। इसलिए यदि मैं आज आपको यह कहता हूँ कि हमारी नीति छोड़ी नहीं जा सकती है, तो ऐसा कहने का मेरा अभिप्राय राजनीतिक बुद्धिमानी है। यह राजनीतिक दूरदृष्टि है। इसने भूतकाल में फल दिया है, इसी ने स्वतंत्रता के लिए कई चरणों में आगे बढ़ने में हमें सक्षम बनाया है, और इसीलिए एक राजनीतिज्ञ के रूप में मैंने आपको यह परामर्श दिया है कि इससे पीछे हट जाना एक भारी भूल होगी। यदि इन वर्षों में मैंने कॉंग्रेस को नेतृत्व दिया है, तो वह एक राजनीतिज्ञ की क्षमता के बल पर ही दिया है। मेरे ढंग को धार्मिक कहना शायद ही सत्य है...।”

अहिंसा के प्रति महात्मा गाँधी की दृढ़ता, उसके अनुरूप ही उनके व्यवहार और कई अन्य घटनाएँ व्यक्तिगत सत्याग्रह के दिनों की वे सत्यताएँ हैं, जो भारत के स्वाधीनता संग्राम के इतिहास के स्थाई अध्याय में सम्मिलित हैं। वह एक ऐसा अध्याय है, जिससे समय–समय पर भावी पीढ़ियाँ बहुत कुछ सीख सकती हैं। वास्तव में व्यक्तिगत सत्याग्रह ही वह कार्यक्रम था जिसने ‘अगस्त–क्रान्ति’, अर्थात ‘भारत छोड़ो आन्दोलन’ के लिए मैदान तैयार किया और जिसमें ‘करो या मरो’ के नारे के साथ भारत की जनता उमड़ पड़ी थी। ❖❖❖

7

अगस्त-क्रान्ति

"ईश्वर ने अहिंसा के अस्त्र के रूप में एक अमूल्य उपहार मुझे दिया है। आज यदि मैं निष्क्रिय होकर उस घटनाक्रम के बीच, जो विश्व में घटित हो रहा है, चुपचाप बैठ जाऊँगा, तो ईश्वर मुझे क्षमा नहीं करेंगे। क्या मुझे जापानियों को... चीनियों को अधिकार कर लेने देना होगा? य़दि संसार के सारे देश भी मेरा विरोध करें, यदि सारा भारत भी मुझे गलत बताने का प्रयास करे, तब भी मैं आगे बढ़ूँगा, न केवल भारत के लिए, अपितु समस्त संसार के लिए...।"

–महात्मा गाँधी

जैसा कि इतिहास साक्षी है, द्वितीय विश्वयुद्ध में ब्रिटिश साम्राज्यवाद को एशिया महाद्वीप में जापान के सामने एक के उपरान्त दूसरी पराजय स्वीकार करनी पड़ रही थी और जैसा कि पहले उल्लेख किया गया है, सिंगापुर तथा बर्मा जैसे उपनिवेशों पर जापान ने अधिकार कर लिया था। किसी भी समय जापानियों के भारत में प्रवेश का भय बना हुआ था। बाहरी आक्रमण की सम्भावना और गम्भीर आन्तरिक स्थिति, दोनों, महात्मा गाँधी के लिए चिन्ता का कारण थीं। इसीलिए वे चाहते थे कि अंग्रेज शीघ्रातिशीघ्र भारत छोड़ दें। उसके बाद स्वयं भारतीय एकताबद्ध होकर स्थिति का सामना करें। दूसरी ओर भारतीय किस तरह युद्ध में भागीदार बनें, ब्रिटिश सरकार इस प्रकार के प्रयास में लगी हुई थी। इसीलिए वायसराय और ब्रिटिश भारत-मंत्री प्रयासरत थे। अन्तर्राष्ट्रीय क्षेत्र में इंग्लैण्ड के मित्रों की राय भी यही थी कि युद्ध में भारतीयों का सहयोग आवश्यक होगा। इसी कारण अमरीकी राष्ट्रपति रूजवेल्ट, चीन के मार्शल च्यांग काई-शेक और अन्यों ने अंग्रेजों को भारतीयों के साथ सहयोग हेतु उदारतापूर्वक वार्ता करने का परामर्श दिया; इससे ही स्थिति को सँभाला जा सकेगा, उन्होंने यह तर्क दिया। परिणामस्वरूप ब्रिटिश सरकार ने एक बड़े प्रस्ताव के साथ स्टेफर्ड क्रिप्स को भारत भेजा। यह अनुमान लगाया गया था कि क्रिप्स योजना सहयोग व समाधान की दिशा में मील का पत्थर सिद्ध होगी; अन्तर्राष्ट्रीय परिस्थितियों को ध्यान में रखकर, युद्ध की स्थिति और महात्मा गाँधी द्वारा जिस प्रकार जनता में जागृति पैदा करके भारतीय राजनीति को नया मोड़ दिया गया, उसे ध्यान में रखकर, अन्ततः क्रिप्स योजना भारत की स्वतंत्रता को सुनिश्चित करेगी।

23 मार्च, 1942 को क्रिप्स दिल्ली पहुँचे और उसी दिन एक संवाददाता सम्मेलन करके उन्होंने अपने प्रस्तावों का खुलासा किया। गत वर्षों में ब्रिटिश सरकार द्वारा किए गए वायदों पर व्यवहार न करने को भूल जाने की बात करते हुए क्रिप्स ने अब भारतीयों को पूर्णतः आशावान रहने को कहा। क्रिप्स की योजना में पाँच प्रस्ताव थे:

"(क) युद्ध समाप्त होने के तुरन्त बाद भारत में एक निर्वाचित निकाय, आगे उल्लिखित प्रावधानों के अनुसार, स्थापित किया जाएगा, और उसे भारत के लिए एक नया संविधान निर्माण करने का कार्य सौंपा जाएगा;

"(ख) संविधान का निर्माण करने वाले निकाय में भारतीय (देशी) राज्यों की सहभागिता, आगे उल्लिखित व्यवस्थानुसार होगी;

"(ग) ब्रिटिश सम्राट की सरकार यह आश्वासन देती है कि वह निर्मित किए गए संविधान को स्वीकार करेगी और उसे लागू करेगी, लेकिन शर्त केवल यह होगी कि (1) ब्रिटिश भारत का जो राज्य नए संविधान को स्वीकार नहीं करेगा, उसे वर्तमान संवैधानिक स्थिति बनाए रखने की अनुमति होगी, और (2) यदि वह बाद में सम्मिलित होने की इच्छा जताएगा, तो उसकी व्यवस्था की जाएगी;*

"(घ) यदि भारत के प्रमुख (धर्म) सम्प्रदायों के नेता युद्ध समाप्त होने से पूर्व किसी अन्य प्रकार के निकाय के लिए अन्यथा सहमत न हो जाएँ, तो संविधान का निर्माण करने वाला निकाय, आगे उल्लिखित व्यवस्थानुसार गठित किया जाएगा; और

---

* धारा 'ग' के सम्बन्ध में दो नियम संलग्न किए गए थे। इनके अनुसार 'जो राज्य संविधान को स्वीकार न करे, उसे एक पृथक सन्धि करनी होगी।' अन्य राज्यों को भी उसी प्रकार सम्मिलित होने का विकल्प प्रदान किया गया था।

"(च) इस संकट की घड़ी में, जिसका भारत को सामना करना पड़ रहा है, और जब तक नए संविधान का निर्माण नहीं हो जाता है, ब्रिटिश सम्राट की सरकार विश्वयुद्ध की तैयारी के ही एक भाग के रूप में भारत की सुरक्षा के नियंत्रण एवं निर्देश अपने ही हाथ में रखेगी और उत्तरदायित्व को अपने ऊपर लेगी। परन्तु भारत के सैन्य, नैतिक एवं सामग्री से सम्बन्धित स्रोतों को पूर्णतः संगठित करने का कार्य भारत सरकार का होगा; भारत के लोगों का इस हेतु सहयोग लिया जाएगा। ब्रिटिश सरकार की यह इच्छा है और (उसी के अनुरूप) वह भारतीयों के प्रमुख वर्गों के नेताओं को तुरन्त और प्रभावकारी ढंग से सहयोग देने के लिए आमंत्रित करती है। वे अपने देश, राष्ट्रमंडल और राष्ट्रसंघ के विचार-विमर्श में भागीदारी करें। ऐसा करते हुए वे ऐसे कार्य को पूर्ण करने में अपना सक्रिय और रचनात्मक सहयोग देंगे, जो भारत की भावी स्वाधीनता के लिए परमावश्यक है।"

अपने प्रस्ताव प्रस्तुत करने के बाद क्रिप्स ने भारतीय नेताओं से मिलना प्रारम्भ किया। इस कड़ी में वे 25 मार्च, 1942 को सबसे पहले काँग्रेस अध्यक्ष अबुल कलाम आज़ाद से मिले। वार्ता के क्रम में आज़ाद ने क्रिप्स से पाँचवे प्रस्ताव में रक्षा से सम्बन्धित बात पर स्पष्टीकरण माँगा। आज़ाद ने उनसे पूछा, "क्या युद्ध के बाद रक्षा विभाग भारतीय हाथों में रहेगा?" इसके उत्तर में क्रिप्स ने कहा, "युद्धोपरान्त रक्षा विषय ब्रिटिश सेना के हाथों में होगा, जो रक्षा विभाग सँभालेगा।" इस उत्तर के बाद काँग्रेस क्रिप्स प्रस्तावों को स्वीकार करने के पक्ष में नहीं थी। लेकिन फिर भी 27 मार्च, 1942 को महात्मा गाँधी के साथ क्रिप्स की बैठक हुई। गाँधीजी ने स्पष्टतः क्रिप्स से पूछा कि क्या वे इसी तरह के प्रस्ताव लेकर भारत आए हैं? अन्ततः उनका भारत आने का

उद्देश्य है क्या? उपरान्त क्रिप्स के प्रस्तावों को चार कारणों से अस्वीकार करते हुए[40] महात्मा गाँधी ने उनसे कहा, "मेरा आपको परामर्श है कि आप शीघ्रातिशीघ्र उपलब्ध वायुयान द्वारा अपने घर वापस चले जाएँ।"

यद्यपि क्रिप्स के साथ मौलाना आज़ाद की भेंट के उपरान्त गाँधीजी नहीं चाहते थे कि अन्य कोई और काँग्रेसी उनसे मिले, लेकिन वे अहिंसा के पुजारी थे; अहिंसा का एक व्यावहारिक पक्ष वार्ता भी है, इसीलिए उन्होंने काँग्रेस कार्य-समिति को आगे भी क्रिप्स से वार्ता करने की छूट दे दी थी। लेकिन ठोस रूप से कुछ सामने नहीं आ रहा था। अन्ततः 22 अप्रैल, 1942 को अपनी वर्धा में हुई बैठक में काँग्रेस कार्य-समिति ने क्रिप्स के प्रस्तावों को पूरी तरह से अस्वीकार कर दिया।

अंग्रेज भारतीयों का हर दशा में सहयोग चाहते थे। ऐसा करके वे अन्तर्राष्ट्रीय जगत में अपने को पाक-साफ सिद्ध भी करना चाहते थे। लेकिन भारत को स्वतंत्रता देने की इच्छा उनमें नहीं थी। इसलिए क्रिप्स प्रस्तावों को भारतीयों द्वारा अस्वीकार कर दिए जाने के बाद अंग्रेजों ने उनमें संशोधन किया। संशोधित प्रस्तावों में प्रावधान रखा गया कि एक प्रमुख सेनापति को वायसराय परिषद का सदस्य बनाने के साथ ही युद्ध सम्बन्धी विषयों का मंत्री भी बनाया जाएगा। इसके अतिरिक्त किसी एक भारतीय को प्रतिरक्षा मंत्री नियुक्त किया जाएगा। लेकिन वास्तव में यह सब भी साम्राज्यवादियों की छल से भरी नीति और कार्यवाही ही थी। प्रमुख सेनापति की स्थिति सर्वोच्च रहने वाली थी। काँग्रेस ने इसीलिए दूसरी बार भी क्रिप्स प्रस्तावों को अमान्य कर दिया। इतना ही नहीं, मुस्लिम लीग, हिन्दू महासभा, सिक्ख समुदाय,

भारतीय ईसाई संगठन और मोमिन कॉंफ्रेंस ने भी अपने-अपने कारणों से क्रिप्स प्रस्तावों को अमान्य कर दिया। मैं यहाँ यह भी उल्लेख करना चाहूँगा कि क्रिप्स के साथ दूसरी बार के वार्तालाप में कॉंग्रेस के वायसराय परिषद में भागीदारी की बात भी उठी थी, लेकिन वार्ता की विफलता के चलते कुछ भी सार्थक रूप से सामने नहीं आया और क्रिप्स गाँधी पर दोषारोपण करते हुए वापस अपने देश लौट गए।

क्रिप्स योजना असफल रही, भारतीयजन क्रोध में थे और महात्मा गाँधी बारीकी से सारे घटनाक्रम पर दृष्टि रखे हुए थे। तथा, जैसा कि पहले उल्लेख किया है, वे अन्तिम संघर्ष को व्यापक पैमाने पर प्रारम्भ करने की तैयारी कर रहे थे। वे जितना शीघ्र हो सके अंग्रेजों के भारत से चले जाने की इच्छा रखते थे, इसलिए ताकि वे स्वयं अहिंसक मार्ग से अपनी रक्षा कर सकें। यदि आवश्यकता पड़े तो भारतीय, आक्रमणकारियों को भी उसी ढंग से उत्तर दे सकें। इस सन्दर्भ में गाँधीजी निरन्तर 'हरिजन' में लेख लिख रहे थे। देश की स्थिति दिनोंदिन चिन्तामयी और गम्भीर होती जा रही थी। इसी घटनाक्रम के मध्य अखिल भारतीय कॉंग्रेस समिति का अधिवेशन 27 अप्रैल और 1 मई, 1942 के मध्य इलाहाबाद में हुआ। तब तक मलाया और बर्मा की स्थिति शोचनीय बन चुकी थी। अधिवेशन में इस बात पर विशेष ध्यान दिया गया और अंग्रेजों को स्थिति बिगाड़ने के लिए उत्तरदायी ठहराते हुए एक विस्तृत प्रस्ताव पारित किया गया। प्रस्ताव में कहा गयाः

"इसने (अखिल भारतीय कॉंग्रेस समिति ने) खेद के साथ उन प्रबन्धों का विश्लेषण किया है, जो मलाया और बर्मा की जनता और शरणार्थियों के लिए किए गए हैं। जिन अधिकारियों का यह कर्तव्य था

कि वे अपने-अपने क्षेत्रों की जनता के जीवन की रक्षा करें, वे अपने उत्तरदायित्व को नहीं निभा सके और अपने स्थानों से भाग खड़े हुए, एवं अपने (स्वयं के) लिए सुरक्षा के स्थानों को ढूँढते रहे। अधिकांश लोगों को उन्हीं के हाल पर छोड़ दिया गया और उनके लिए कोई व्यवस्था नहीं की जा सकी। नगरों को रिक्त कराने की जो व्यवस्था की गई, वह केवल यूरोपीयों के लिए ही थी; हर कदम पर स्पष्टतः रंग-भेद दिखाई पड़ता था..."

महात्मा गाँधी के निर्देशन में भारतीयों के सम्बन्ध में अखिल भारतीय काँग्रेस समिति ने विस्तृत प्रस्ताव पारित किया।[41] कुछ समयोपरान्त, 7 से 14 जुलाई, 1942 के मध्य काँग्रेस कार्य-समिति की ऐतिहासिक और अति महत्त्वपूर्ण बैठक वर्धा में हुई। स्वयं महात्मा गाँधी वर्धा-बैठक में सम्मिलित हुए। 'अंग्रेजों को अवश्य ही भारत छोड़कर चले जाना चाहिए', इस सम्बन्ध में खुले और तर्क-वितर्क के साथ विचारों का आदान-प्रदान हुआ। सभी नेताओं ने अपने विस्तृत विचार बैठक में प्रकट किए। महात्मा गाँधी ने इस मुद्दे पर और विभिन्न प्रबन्धों पर साथियों के साथ मंत्रणाएँ कीं। अन्ततः काँग्रेस कार्य-समिति ने 'भारत छोड़ो प्रस्ताव' को सर्वसम्मति से वर्धा में पारित किया। प्रस्ताव में कहा गया था, "न केवल भारत के लिए, अपितु सम्पूर्ण विश्व की सुरक्षा के लिए और नाजीवाद, फाँसीवाद, सैन्यवाद और साम्राज्यवाद की अन्य प्रणालियों का अन्त करने के लिए स्थिति की तात्कालिकता को अनुभव किया गया है; और मलाया, सिंगापुर तथा बर्मा के अनुभवों को देखते हुए यह धारणा बनी है कि भारत की स्वतंत्रता तुरन्त आवश्यक है, और केवल स्वतंत्र भारत ही शेष विश्व की जनता को उनके स्वाधीनता के लिए चलाए जा रहे संघर्षों में सहयोग प्रदान कर सकेगा।"

उक्त प्रस्ताव के साथ ही काँग्रेस कार्य-समिति ने यह स्पष्ट किया कि यदि उसके अनुरोध को अमान्य किया जाता है, और ब्रिटिश सरकार यदि प्रस्ताव को असफल करने का किसी भी तरह प्रयास करती है, तो काँग्रेस महात्मा गाँधी के नेतृत्व में बड़े पैमाने पर संघर्ष प्रारम्भ करेगी। इस संघर्ष में "1920 से अब तक छेड़े गए समस्त अहिंसक संघर्षों का समावेश होगा।" यह भी तय किया गया कि देश की समस्त स्थितियों के अध्ययन व परीक्षणार्थ, और पारित प्रस्ताव की पुष्टि के लिए, अखिल भारतीय काँग्रेस समिति की बैठक 7 अगस्त, 1942 को मुम्बई में होगी।

अब महात्मा गाँधी ने एक वीर की भाँति मैदान में उतरने की तैयारी प्रारम्भ कर दी। वे जानते थे कि साम्राज्यवादी सरकार सरलतापूर्वक उनकी माँगों को नहीं मानेगी। इसलिए आगामी संघर्ष ऐतिहासिक होगा तथा उसे वीरतापूर्वक और तन, मन और धन से लड़ना होगा। दृढ़ निश्चय करके उन्होंने आन्दोलन के संचालन का उत्तरदायित्व स्वयं अपने कंधों पर ले लिया। निर्धारित तिथि, अर्थात 7 अगस्त, 1942 को अखिल भारतीय काँग्रेस समिति की बैठक मुम्बई में प्रारम्भ हुई। मौलाना अबुल कलाम आज़ाद ने बैठक की अध्यक्षता की। 8 अगस्त, 1942 को वर्धा में पारित प्रस्ताव को पण्डित जवाहरलाल नेहरू ने विधिवत् पुष्टि के लिए बैठक में प्रस्तुत किया। प्रस्ताव में कहा गया था:

अखिल भारतीय काँग्रेस समिति ने कार्य-समिति द्वारा प्रस्तुत 14 जुलाई, 1942 के प्रस्ताव पर बहुत ध्यानपूर्वक विचार किया है, और इसने इसके बाद की घटनाओं, युद्ध की स्थिति में हुए परिवर्तनों, ब्रिटिश सरकार के उत्तरदायी व्यक्तियों के कथनों और भारत एवं विदेश में की गई टिप्पणियों एवं आलोचनाओं पर भी विचार किया है। समिति

प्रस्ताव का अनुमोदन एवं समर्थन करती है। इसका विचार है कि इसके बाद की घटनाओं ने इसे और अधिक औचित्य प्रदान किया है तथा यह स्पष्ट कर दिया है कि ब्रिटिश शासन की भारत से तत्काल समाप्ति आवश्यक है, न केवल भारत के लिए, अपितु संयुक्त राष्ट्र संघ के सिद्धान्तों की सफलता के लिए भी। भारत को दुर्बल करने वाले शासन का बने रहना अपमानजनक है, क्योंकि इससे भारत अपनी रक्षा करने एवं विश्व की स्वतंत्रता के सिद्धान्त में योगदान करने की अपनी क्षमता को भी धीरे-धीरे खोता जा रहा है।"*

सरदार वल्लभभाई पटेल प्रस्ताव के अनुमोदनकर्ता थे। महात्मा गाँधी ने अन्त में भाषण दिया और विशेष रूप में कहा, "ईश्वर ने अहिंसा के अस्त्र के रूप में एक अमूल्य उपहार मुझे दिया है। आज यदि मैं निष्क्रिय होकर उस घटनाक्रम के बीच, जो विश्व में घटित हो रहा है, चुपचाप बैठ जाऊँगा, तो ईश्वर मुझे क्षमा नहीं करेंगे। क्या मुझे जापानियों को... चीनियों को अधिकार कर लेने देना होगा? यदि संसार के सारे देश भी मेरा विरोध करें, यदि सारा भारत भी मुझे गलत बताने का प्रयास करे, तब भी मैं आगे बढ़ूँगा, न केवल भारत के लिए, अपितु समस्त संसार के लिए...।

"वास्तविक संघर्ष केवल इसी समय प्रारम्भ नहीं हो रहा है। आपने कुछ विशेष अधिकार मुझे सौंपे हैं। मेरा पहला कर्तव्य है कि मैं

---

* प्रस्ताव के अन्त में यह स्पष्ट किया गया, "अन्त में जब अखिल भारतीय काँग्रेस समिति ने स्वाधीन भारत के भावी शासन के सम्बन्ध में अपना दृष्टिकोण व्यक्त किया है, समिति समस्त सम्बन्धित व्यक्तियों को यह स्पष्ट करना चाहती है कि जन-संघर्ष को प्रारम्भ करके काँग्रेस को अपने लिए सत्ता प्राप्त करने की कोई इच्छा नहीं है। सत्ता जब प्राप्त होगी, तो वह भारत के समस्त लोगों में निहित होगी।"

माननीय वायसराय की, काँग्रेस द्वारा प्रस्तुत माँगों को उनके द्वारा स्वीकार करने के लिए प्रतीक्षा करूँ। इसमें दो या तीन सप्ताह का समय लग सकता है। इस बीच आप क्या करेंगे? मैं आपको बताना चाहता हूँ। एक चरखा है। मुझे मौलाना साहेब से इस विषय पर संघर्ष करना पड़ा है कि अहिंसक संग्राम में इसका एक निश्चित स्थान है। चौदह सूत्री कार्यक्रम आपके सामने है। आप उसका अनुसरण करें। लेकिन आपको कुछ और भी करना है और वैसा करने से कार्यक्रम को जीवनदान मिलेगा। आपमें से प्रत्येक को इसी क्षण से अपने आपको एक स्वतंत्र पुरुष अथवा नारी समझ लेना चाहिए, और एक स्वतंत्र नागरिक की भाँति आपको साम्राज्यवाद के चंगुल से अपने को मुक्त मानते हुए कार्य करना चाहिए।... वास्तव में स्वतंत्रता प्राप्त करने से पूर्व आपको इस चेतना का विकास करना चाहिए। किसी दास की बेड़ियाँ उसी क्षण से कट जाती हैं, जब वह अपने आप को मुक्त समझने लगता है।"

अगले दिन, अर्थात 9 अगस्त, 1942 के दिन 'भारत छोड़ो आन्दोलन' का प्रारम्भ होना था। साम्राज्यवादी ब्रिटिश सरकार अभी भी दमनकारी उपायों का सहारा लेने को तैयार बैठी थी, वह जनता को कुचलने और हिंसक साधनों के बल पर आन्दोलन को दबाने की इच्छा रखती थी। इसीलिए अभी 9वीं अगस्त का सूर्य उदित भी नहीं हुआ था कि जब महात्मा गाँधी और दूसरे वरिष्ठ नेताओं को बन्दी बना लिया गया। अपनी गिरफ्तारी के समय महात्मा गाँधी ने 'करो या मरो' का नारा दिया। उपरान्त नेतृत्व की अनुपस्थिति में और बिना निर्देशन के साम्राज्यवादी सत्ता के विरुद्ध पूरे उत्साह के साथ आन्दोलन प्रारम्भ हुआ। पूरे देश ने इस संघर्ष में बढ़-चढ़कर भाग लिया।

आन्दोलन के प्रथम चरण में लगभग पैंसठ हजार आन्दोलनकारी कारागारों में गए। पुलिस ने गोलियों का सहारा लिया और चार सौ सत्तर बार फायरिंग की। सेना ने विभिन्न स्थानों पर 68 बार गोलियाँ चलाईं। आठ सौ रेलवे स्टेशन और डाकघरों को आन्दोलनकारियों ने पूर्णतः नष्ट कर दिया और सरकार ने जनता से सरकारी सम्पत्ति को हानि पहुँचाने व उसे नष्ट करने के बदले में करोड़ों रुपये का दण्ड वसूला। तब भी जनता का उत्साह देखते ही बनता था; जनता ने अदम्य साहस का परिचय देते हुए एवं धैर्य के साथ दमन सहते हुए भी, साम्राज्यवादी शासन की नींव हिला दी। भारतीयजन जो सफलता चाहते थे, वह उन्हें तुरन्त नहीं मिल सकी, लेकिन सारे देशवासियों में, जिनमें सरकारी कर्मचारी भी सम्मिलित थे, देश-प्रेम की एक अद्वितीय और अकथनीय लहर दौड़ गई थी। देशभक्ति का दौर पूर्ण चेतना एवं जागृति के साथ प्रारम्भ हो गया था; देश के सम्मान का पूरा-पूरा ध्यान लोगों में आ चुका था। उपरान्त 1946 में भारतीय नौसेना में हुआ विद्रोह देश-प्रेम, राष्ट्रवाद एवं राष्ट्रीय सम्मान का ही उदाहरण था। इससे देश को स्वाधीनता का मिलना अवश्यम्भावी बन गया था।

मुहम्मद अली जिन्ना के नेतृत्व में भयभीत अल्पसंख्यकों के एक वर्ग ने, और उनके अन्य समर्थकों ने अपने आपको भारत छोड़ो आन्दोलन से पृथक रखा था। लेकिन भारत के उन साम्यवादियों, जो अपने आपको दबे-कुचले लोगों का सबसे बड़ा हिमायती होने का दावा करते थे और गरीबों व कठिनाइयों में रहने वालों के प्रत्येक दुख-दर्द में सहभागी होने की बात करते थे, उनकी भूमिका इस समय बहुत ही निन्दनीय रही थी। साम्यवादियों ने पहले तो भारत छोड़ो आन्दोलन में भाग लेने की घोषणा की, और इसका कारण यह था कि अन्तर्राष्ट्रीय

स्तर पर सोवियत संघ तथा जर्मनी के बीच सन्धि थी; तथा जर्मनी, ब्रिटेन और उसके साथी देशों के विरुद्ध युद्ध में संलग्न था। समय का चक्र घूमा। जर्मनी के तानाशाह हिटलर ने सन्धि को भंग करके सोवियत संघ पर आक्रमण कर दिया। अब अन्तर्राष्ट्रीय जगत में नए समीकरण बने और सोवियत संघ, ब्रिटेन, अमरीका तथा फ्रांस एक साथ आ गए। सोवियत संघ तथा ब्रिटेन के बीच हुई इस नई मित्रता के कारण भारत के साम्यवादियों ने भी अंग्रेजों का समर्थन करना प्रारम्भ कर दिया। उन्होंने भारत छोड़ो आन्दोलन का विरोध किया। उस स्टालिन के समर्थन में, जो 'एक राज्य में समाजवाद' के सिद्धान्त का प्रबल समर्थक था और जो 'पहले अपना देश' के सिद्धान्त को मानने वाला था, और इस प्रकार वह अन्तर्राष्ट्रीयतावाद के मूलमंत्र से ही पीछे हटने वाला था, भारत के साम्यवादी राष्ट्रवाद के सिद्धान्त को एक ओर रखते हुए अवसरवादियों की भाँति अन्तर्राष्ट्रीयतावाद की दुहाई दे रहे थे। वे यह भूल रहे थे कि राष्ट्रवाद के प्रति सम्मान प्रकट किए बिना अन्तर्राष्ट्रीयतावाद की बात करना निरर्थक है। जी हाँ, जो राष्ट्रवादी नहीं होता, वह कभी भी अन्तर्राष्ट्रीयतावादी नहीं हो सकता।

सत्य पर सदैव आधार रखने वाले और सम्पूर्ण जीवन अहिंसा का प्रचार-प्रसार करने वाले, धर्मनिर्पेक्षता को मानने वाले तथा सबको साथ लेकर चलने की नीति में विश्वास रखने वाले महात्मा गाँधी ने भारत के स्वतंत्रता संग्राम में छलाँग लगाई थी। उपरान्त देश को उन्होंने एक अद्वितीय नेतृत्व प्रदान किया; उस नेतृत्व का कोई विकल्प नहीं था। निःसन्देह उन्होंने प्रत्येक भारतीय के हृदय में स्वतंत्रता के मूल्य को उतारा था। भारतीय लोग निर्भीक बन गए। वे अहिंसक मार्ग से और आत्मिक बल की शक्ति के आधार पर संघर्ष के लिए आगे बढ़े। भारत

स्वाधीन हो गया। महात्मा गाँधी का नेतृत्व एवं उनके द्वारा दी गई दिशा ने स्वतंत्रता के लिए सर्वाधिक महत्त्वपूर्ण और प्रमुख भूमिका का निर्वाह किया। यही नहीं, उनके द्वारा दिखाया गया मार्ग और उनके द्वारा प्रदत्त परिपक्व और अद्वितीय नेतृत्व, भविष्य में भी सारे संसार के लिए अनुकरणीय रहेगा। प्रजातंत्र को वास्तव में सफल बनाने के लिए उसकी सार्थकता बनी रहेगी। वे स्वयं सदैव अपने कार्यों के लिए स्मरणीय रहेंगे।

❖❖❖

8
सन्दर्भ

1. वल्लभभाई पटेल, जो बाद में 'सरदार' और 'भारत के लौह पुरुष' के रूप में सुविख्यात हुए, खेड़ा सत्याग्रह (1918) में महात्मा गाँधी के प्रथम सहायक और आन्दोलन के उपनेता रहे थे। इस सत्याग्रह में उन्होंने किसान वर्ग को एकताबद्ध किया ताकि कठिनाइयों की चिन्ता किए बिना वे अन्याय के विरुद्ध संघर्ष कर सकें। यही नहीं, उन्होंने किसानों को अहिंसक रखते हुए और अपनी महत्त्वपूर्ण व अद्वितीय भूमिका का निर्वाह करते हुए आन्दोलन को सफल बनाया। इसीलिए खेड़ा सत्याग्रह की सफलता के उपरान्त महात्मा गाँधी ने कहा था, "यदि वल्लभभाई आगे नहीं आए होते, तो जो कार्य आज हुआ है, वह सम्भव नहीं हो पाता।" वल्लभभाई पटेल स्वतंत्र भारत के प्रथम उप-प्रधानमन्त्री एवं गृहमंत्री थे। उन्होंने बिखरे हुए एवं असमान स्थिति वाले 554 देशी राज्यों का भारतीय संघ में विलय किया और इस प्रकार वे संगठित भारत के निर्माता बने।
2. खेड़ा जनपद का एक नगर जो कि बड़ौदा-अहमदाबाद मार्ग पर है, तथा यही वल्लभभाई पटेल का जन्म-स्थान भी है।
3. सरदार पटेल का सत्याग्रही जीवन, पृष्ठ 19
4. घोषणा-पत्र के लिए परिशिष्ट-2 को देखें।
5. सत्य के मेरे प्रयोग (इं), पृष्ठ 364
6. आत्मकथा से।
7. वर्ष 1918 एवं 1921 के मध्य की अवधि में फसलों के असफल रहने से भारत की आर्थिक स्थिति शोचनीय बन गई थी। खाद्यान्नों के

उत्पादन में भारी कमी के कारण और निर्यात की स्थिति ज्यों-की-त्यों रहने के कारण देश की आन्तरिक स्थिति गम्भीर बन गई थी। साथ ही 'इन्फ्लूएन्जा' जैसी महामारी के कारण लगभग एक करोड़ तीस लाख लोगों की मृत्यु हो गई थी।

8. एक अंग्रेज जज सिडनी रौलेट के आधीन, जो कि युद्ध के समय समिति के प्रमुख रहे थे, स्थिति को नियंत्रित करने के लिए सुझाव देने के उद्द्देश्य से नियुक्त किया गया था।
9. इसमें एक विशेष प्रावधान था कि सन्देह के आधार पर किसी भी व्यक्ति को बिना कोई मुकदमा चलाए या आरोपपत्र दिए अथवा अपील की सुविधा दिए दो वर्ष तक कैद में रखा जा सकता था।
10. सत्याग्रह-प्रतिज्ञा के अनुसार, "हम दृढ़-प्रतिज्ञा करते हैं कि यदि ये अधिनियम कानून बनते हैं, और फिर इन्हें जब तक वापस नहीं ले लिया जाता है, हम सभ्य ढंग से इन कानूनों को मानने से मना करेंगे और इसी तरह के उन दूसरे कानूनों की भी अवज्ञा करेंगे जो बाद में समिति द्वारा इस हेतु सुझाए जाएँगे, और हम यह भी दृढ़-निश्चय करते हैं कि हम सत्य से बँधे रहेंगे तथा जीवन, व्यक्ति या सम्पत्ति के प्रति हिंसा से बचेंगे।"
11. आज के हरियाणा प्रान्त के पलवल नगर में।
12. प्रथम विश्वयुद्ध के दौरान ब्रिटिश प्रधानमंत्री जॉर्ज ने वचन दिया था, "मित्र देशों ने टर्की को एशिया...के...भागों से वंचित करने के लिए युद्ध नहीं किया।" इसी आश्वासन के भरोसे भारत के कई मुस्लिम नेता टर्की के विरुद्ध ब्रिटिश सेना में सम्मिलित हुए थे। लेकिन जब युद्धोपरान्त मुसलमानों का एक प्रतिनिधि-मण्डल प्रधानमंत्री जार्ज से मिला और उनसे टर्की के सुलतान की सुविधाओं के बारे में पूछा, तो जार्ज ने उत्तर दिया, "टर्की ने पुराने सहयोगी के समक्ष द्वार बन्द कर दिए... जर्मनी के साथ न्याय हो चुका है, पर्याप्त भयानक न्याय...।"

13. खिलाफत के मुद्दे पर।
14. महात्मा गाँधी की ही भाँति मई, 1920 में तिलक ने कहा, "मुसलमानों के खिलाफत के बारे में लिए निर्णय को हिन्दू समर्थन देंगे।"
15. काँग्रेस सेवादल।
16. विदेश-निर्मित वस्त्रों को छोड़कर और उन्हें बड़े पैमाने पर जलाकर, जूतों तथा दूसरी विदेश-निर्मित वस्तुओं का दाह संस्कार करने को आगे आए। दुकानों पर, जो विदेशी वस्तुओं से भरी थीं, धरने दिए गए। और इसी के साथ, स्वदेश-निर्मित वस्तुओं और चरखे से निर्मित वस्त्रों को अपनाने पर बल दिया गया।
17. प्रथम गुरु श्री नानक देव का जन्म स्थान।
18. हकीम अजमल खान की अध्यक्षता में।
19. खेड़ा जनपद में।
20. सूरत जनपद में।
21. इसलिए, क्योंकि क्षेत्र के किसानों व दूसरे लोगों का बहुमत संघर्ष के लिए तैयार था।
22. यंग इण्डिया, खण्ड-4, संख्या-6, फरवरी 9, 1922
23. फरवरी, 1922 में।
24. जिसे अहमदाबाद के राजकीय अतिथिगृह में विशेष रूप में और अस्थाई रूप से स्थापित किया गया था; और इसी में महात्मा गाँधी के विरुद्ध यंग इण्डिया के 29 सितम्बर एवं 15 दिसम्बर, 1921 तथा 23 फरवरी, 1922 के अंकों में कथित आपत्तिजनक लेख लिखने के कारण शंकरलाल बैंकर के साथ अभियोग चलाया गया था।
25. विस्तार के लिए परिशिष्ट तीन को देखें।
26. जान साइमन के नेतृत्व में भेजा गया एक संसदीय आयोग, जिसे कार्यरत 'डायरकी' और भविष्य के लिए संवैधानिक विकासार्थ अपनी आख्या देनी थी।
27. इस सन्दर्भ में 27 फरवरी, 1930 के यंग इण्डिया के अंक में महात्मा

गाँधी ने 19 सिद्धान्त सुझाए थे। इन सिद्धान्तों को परिशिष्ट संख्या 4 में दिया गया है।

28. उनमें से 12 असम से, 31 उड़ीसा व बिहार से, 2 पंजाब और एक बर्मा से, 34 बंगाल से और बीस-बीस मद्रास तथा मध्य प्रान्त से, 6 बम्बई एवं 16 संयुक्त प्रान्त से थे।

29. वर्ष 1934 में केन्द्रीय विधान सभा के चुनावों के समय कुल जनसंख्या से 6.5 प्रतिशत लोग ही मतदाता थे। विपरीत इसके, जब 'भारत-शासन अधिनियम 1935' के प्रावधान के अनुसार चुनाव हुए, तो उस समय जनसंख्या के 12 प्रतिशत वयस्क मतदाता थे। यही नहीं, तुलनात्मक रूप से अधिक उत्तरदायी सरकार के दृष्टिकोण से विधान सभाओं के विशेषाधिकारों में वृद्धि का प्रावधान भी था।

30. संयुक्त प्रान्त में 134/288, मद्रास में 159/215, मध्य प्रान्त में 70/122, बिहार में 98/152, बम्बई में 86/175 तथा उड़ीसा में 36/60

31. संयुक्त प्रान्त में गोविन्द बल्लभ पन्त, मद्रास में चक्रवर्ती राजगोपालाचारी, मध्य प्रान्त में नारायण भास्कर खरे, बिहार में श्रीकृष्ण सिन्हा, बम्बई में बालासाहेब खेर तथा उड़ीसा में बिश्वनाथ दास थे।

32. असम में 33/108, उत्तर पश्चिम सीमा-प्रान्त में 19/50 तथा सिंध में 7/60

33. बंगाल में 36/250 तथा पंजाब में 18/175

34. द्वितीय विश्वयुद्ध के दौरान के घटनाक्रम से यह पूर्णतः स्पष्ट ही था, जबकि इससे पहले के समय में भी कुछ ठोस प्रमाण थे कि सुभाषचन्द्र बोस के मुसोलिनी व दूसरों के साथ सम्पर्क व सम्बन्ध रहे थे।

35. कार्य-समिति में अब्दुल गफ्फार खान, जीवतराम भगवानदास कृपलानी, प्रकाशचन्द्र घोष, राजेन्द्र प्रसाद और शंकरराव देव अभी भी महात्मा गाँधी के दृष्टिकोण से बँधे हुए थे। वे समिति के उस प्रस्ताव से सहमत

नहीं थे जिसमें कहा गया था, "समिति ने उत्पन्न स्थिति पर विचार किया है, और इस प्रकार वह परिणाम पर पहुँची है कि (अहिंसा के प्रश्न पर) वह गाँधीजी की भाँति व्यवहार करने में अपने को सक्षम नहीं पाती है। लेकिन वह यह मानती है कि अपने महान सिद्धान्त पर चलने के लिए उन्हें मुक्त किया जाए और इस प्रकार उन्हें वर्तमान में उत्पन्न स्थिति के सन्दर्भ में काँग्रेस द्वारा चलाए जाने वाले कार्यक्रमों या उसकी गतिविधियों से भी पृथक रखा जाए।"

36. जो विनोबा भावे ने पवनार से 5 मील की दूरी तयकर जनसभा में भाषण देते हुए व्यक्त किए।
37. 18 से 20 अक्टूबर, 1940 के मध्य।
38. उनमें 176 अखिल भारतीय काँग्रेस समिति के सदस्य थे, 29 पदत्याग करने वाली सरकारों के मंत्री थे और लगभग 400 केन्द्रीय विधान सभा एवं राज्यों की विधायिकाओं के सदस्य थे।
39. अबुल कलाम आज़ाद, जिन्होंने कार्य-समिति की बैठक के उपरान्त कहा था, "काँग्रेस अहिंसा के उस स्तर की आवश्यकता तक नहीं पहुँच सकती, जो एक महात्मा के लिए सम्भव है।"
40. चार कारण थे, (क) प्रस्तावों में तीन भागों में भारत के विभाजन की सम्भावना थी; (ख) योजना के प्रावधानानुसार मंत्री पर देश की रक्षा का उत्तरदायित्व नहीं रहना था; (ग) जो प्रस्तावित था, वह स्वतंत्रता नहीं, अपितु औपनिवेशिक स्तर था; तथा (घ) अल्पसंख्यकों को एक स्वीकृति प्रदान की गई थी।
41. विस्तार के लिए परिशिष्ट 6 को देखें।

"स्नेह को न तो कानून से मापा जा सकता है और न ही इसके लिए कानून की आवश्यकता है। यदि किसी को किसी व्यक्ति या वस्तु से प्रेम नहीं है, तो उसे तब तक अपनी असन्तुष्टता को प्रकट करने की पूरी छूट रहनी चाहिए जब तक वह हिंसा करने या भड़काने की बात नहीं करता।"

–महात्मा गाँधी

९

परिशिष्ट

"वास्तव में, मेरा यह विश्वास है कि अप्राकृतिक स्थिति में रह रहे भारत और इंग्लैण्ड, दोनों, को असहयोग का मार्ग दिखाकर मैंने सेवा का कार्य किया है। मेरी विनम्र दृष्टि में बुराई के साथ असहयोग वैसी ही कार्यवाही है, जैसे कि अच्छाई के साथ सहयोग करना कर्तव्य होता है।"

–महात्मा गाँधी

1

"न्यायालय की आज्ञा से मैं इस सन्दर्भ में, कि मैंने भारतीय दण्ड-विधान की धारा 144 के तहत जारी निषेधाज्ञा को न मानने जैसे आदेश की अवहेलना की है, वक्तव्य देना चाहूँगा। मेरे विचार से यह स्थानीय प्रशासन और स्वयं मेरे मध्य विवादित विषय है। देश में मेरा आगमन मानवीय और राष्ट्रीय सेवाएँ प्रदान करने के उद्देश्य से हुआ...। मैंने अपने ऊपर प्रजा के दबाव, कि उसकी सहायता की जाए, के उत्तर में ऐसा किया है; विशेषकर उनके लिए जिन्हें यह शिकायत है कि नील की खेती कराने वाले उनसे उचित व्यवहार नहीं करते हैं। बिना समस्या के मूल में जाए मैं कोई सहायता नहीं दे सकता...। इसलिए मैं किसानों और प्रशासन की सहायता से, यदि सम्भव हो तो, समस्या का अध्ययन करने आया हूँ। मेरा और कुछ भी उद्देश्य नहीं है; और मैं यह विश्वास नहीं करता हूँ कि मेरे यहाँ आगमन से कोई शान्ति भंग होगी या किसी तरह से जन-जीवन को हानि पहुँचेगी। इस प्रकार के विषयों में पर्याप्त अनुभव होने का मैं दावा करता हूँ। मैं पूर्णतः उनकी कठिनाइयों को समझता हूँ, और मैं यह भी स्वीकार करता हूँ कि प्राप्त सूचनाएँ ही उनकी कार्यवाही का आधार हैं। कानून का सम्मान करने वाले व्यक्ति के रूप में मेरा कर्तव्य तो यही है कि मैं दिए गए आदेश का पालन करूँ। लेकिन उन लोगों के प्रति हिंसा किए बिना, कि जिनके लिए मैं यहाँ आया हूँ, मैं ऐसा नहीं कर सकता। मैं उनकी सेवा केवल उनके बीच में रहकर ही कर सकता हूँ। इसलिए मैं अपनी इच्छा से अपना कार्य बीच में नहीं छोड़ सकता। कर्तव्यों के मध्य इस द्वन्द्व के चलते केवल प्रशासन ही बलपूर्वक मुझे उनके प्रति मेरे उत्तरदायित्व से विमुख कर सकता है। मुझे पूर्णतः इस बात का अनुमान है कि भारत में सार्वजनिक जीवन से जुड़े मेरे

जैसे व्यक्ति के लिए कोई उदाहरण प्रस्तुत करते समय बहुत सावधान रहने की आवश्यकता होती है। मेरा यह दृढ़ विश्वास है कि जिस जटिल स्थिति में हम रह रहे हैं और उसमें जिस तरह की परिस्थिति मेरे सामने उत्पन्न हुई है, उसमें कोई आत्म-सम्मानी व्यक्ति सम्मानजनक और सुरक्षित ढंग से वैसा ही करेगा कि जैसा मैंने किया है, (अर्थात) अवज्ञा के लिए बिना प्रतिरोध के आत्मसमर्पण।

"इस वक्तव्य को देने के पीछे मेरा उद्देश्य उस दण्ड से बचना नहीं है, जो मुझे दिया जाने वाला है, अपितु यह प्रकट करना है कि दिए गए आदेश की अवहेलना मैंने कानून के प्रति अनादर की दृष्टि से नहीं की है, अपितु अन्तरात्मा के उच्च कानून के अनुपालन में की है...।"

2

"यह जानते हुए कि हमारे ग्राम की फसल चार आने से कम रही है, हमने सरकार से अगले वर्ष तक के लिए भू-राजस्व की उगाही को स्थगित करने का अनुरोध किया, लेकिन सरकार ने हमारी प्रार्थना नहीं सुनी। इसीलिए हम निम्नहस्ताक्षरकर्ता दृढ़तापूर्वक घोषणा करते हैं कि हम अपनी ओर से सरकार को पूरे अथवा शेष रहे भू-राजस्व का भुगतान नहीं करेंगे। सरकार जो भी ठीक समझे, हमारे विरुद्ध कानूनी कार्यवाही करे; हम भुगतान न करने के बदले, जो भी परिणाम हों, उनको भुगतेंगे। अपने सम्मान से समझौता करते हुए या झूठे सिद्ध न होने के लिए हम स्वेच्छा से भू-राजस्व अदा करने के बजाए अपनी भूमि की जब्ती हो जाना पसन्द करेंगे। यदि सरकार पूरे जनपद में भू-राजस्व की दूसरी देय किश्त की उगाही स्थगित करती है, तो हममें से जो सक्षम हैं, वे सारा या बकाया भू-राजस्व अदा कर देंगे। जो अदा करने की स्थिति में हैं, वे भी इस कारण से अभी राजस्व अदा नहीं कर रहे हैं, क्योंकि उनके ऐसा करने से अति गरीबजन भयभीत होकर अपने पशुओं को बेचेंगे, अथवा ऋण लेंगे। इन परिस्थितियों में हम महसूस

करते हैं कि गरीबों की खातिर, वे जो (राजस्व) अदा कर सकते हैं, अपने भुगतान को रोक लेंगे।"

3

"कदाचित् भारत की जनता के प्रति और इंग्लैण्ड की जनता के प्रति भी, जिसे सन्तुष्ट करने के लिए ही मुख्यतः यह मुकदमा चलाया गया है, मेरा यह कर्तव्य है कि मैं स्पष्ट करूँ कि वे कौन से कारण हैं, जिनके चलते मैं एक कट्टर राजभक्त और सहयोगी होते हुए भी (अब) एक कट्टर राजद्रोही एवं असहयोगी बन गया हूँ? मैं इस न्यायालय के समक्ष स्वीकार करता हूँ कि भारत में विधि द्वारा स्थापित सरकार के विरुद्ध मैं असन्तोष फैलाता हूँ।

"मेरा सार्वजनिक जीवन कठिन परिस्थितियों में 1893 में दक्षिणी अफ्रीका में प्रारम्भ हुआ। ब्रिटिश अधिकारियों के साथ वहाँ मेरा प्रथम सम्पर्क प्रसन्नतामय नहीं था। मुझे पता चला कि एक व्यक्ति और भारतीय के रूप में मेरे कोई अधिकार नहीं हैं। दूसरे शब्दों में, मुझे ज्ञात हुआ कि मानव के रूप में मैं अधिकारहीन हूँ, क्योंकि मैं भारतीय हूँ।

"लेकिन मैं घबराया नहीं। मैंने विचार किया कि भारतीयों के प्रति ऐसा व्यवहार उस व्यवस्था की, जो मूलतः और मुख्यतः अच्छी है, असामान्यता है। मैंने जहाँ बात गलत थी, वहाँ आलोचना करते हुए और कभी भी विनाश की कामना न करते हुए, सरकार को अपनी स्वैच्छिक सेवाएँ दीं; और हृदय से अपना सहयोग (भी) दिया।

"जब 1899 में 'बोर-चुनौती' के द्वारा साम्राज्य के अस्तित्व को खतरा उत्पन्न हुआ, मैंने अपनी सेवाएँ इसे दीं; एक 'एम्बुलेंस कोर' मैंने खड़ी की और कई कार्यों में मैं जुटा, जो 'लेडी स्मिथ राहत' के लिए आवश्यक थीं। 1906 में जुलु विद्रोह के समय मैंने एक 'स्ट्रेचर दल' का गठन किया और विद्रोह के अन्त होने तक कार्य किया। इन दोनों ही अवसरों पर मैंने पदक प्राप्त किए और मेरा विशेष उल्लेख भी हुआ। दक्षिणी अफ्रीका में मेरे कार्यों

के लिए लार्ड हार्डिंग्स ने मुझे कैसर-ए-हिन्द स्वर्ण पदक दिया। जब 1914 में इंग्लैण्ड और जर्मनी के मध्य युद्ध छिड़ा, तो लन्दन में बसने वाले भारतीयों में से, मुख्यतः छात्रों में से, मैंने 'स्वयंसेवी एम्बुलैंस कोर' गठित की। अधिकारियों द्वारा इस कार्य को मूल्यवान ठहराया गया। अन्त में भारत में जब 1917 में लार्ड चैम्सफोर्ड द्वारा दिल्ली में हुई युद्ध-समिति की बैठक में विशेष भर्ती की अपील की गई, तो अपने स्वास्थ्य की चिन्ता न करके भी मैंने खेड़ा में एक बटालियन खड़ी की और यह भर्ती का कार्य तब तक चलता रहा, जब तक कि युद्ध समाप्त नहीं हो गया तथा ऐसे आदेश नहीं आ गए कि आगे भर्ती की कोई आवश्यकता नहीं है। इन सेवाओं से मेरा यह विश्वास बना था कि ऐसा करके मैं साम्राज्य में अपने देशवासियों के लिए पूर्ण समानता का स्तर प्राप्त कर सकूँगा।

"लेकिन पहला आघात मुझे रोलट एक्ट से लगा, क्योंकि वह एक ऐसा कानून था, जो जनता की समस्त वास्तविक स्वतंत्रताओं को छीनने के उद्देश्य से बनाया गया था। मैंने इस कानून के तीव्र विरोध का आह्वान करने का विचार किया। इसके उपरान्त पंजाब की (दिल) दहलाने वाली घटनाएँ हुईं, जिनका प्रारम्भ जलियाँवाला बाग[1] हत्याकाण्ड से हुआ। उपरान्त लोगों को पेट के बल रेंगने के आदेश दिए गए, उन्हें सार्वजनिक रूप में कोड़े लगाए गए और कई दूसरे प्रकार की अवर्णनीय यातनाएँ दी गईं। मैंने यह भी देखा कि प्रधानमंत्री[2] द्वारा भारत के मुसलमानों को दिया गया वचन भी, कि टर्की की अखण्डता और मुसलमानों के पवित्र स्थानों की रक्षा की जाएगी, पूरा नहीं किया गया। लेकिन मित्रों की आशंका से भरी और गम्भीर चेतावनियों के बावजूद, मैं अमृतसर काँग्रेस[3] में सहयोग और मांटेग्यू-चैम्सफोर्ड सुधारों के लिए लड़ा, क्योंकि मुझे आशा थी कि प्रधानमंत्री भारतीय मुसलमानों को दिए गए वचन को पूरा करेंगे, पंजाब के घाव भरे जाएँगे और सुधारों, यद्यपि वे अपूर्ण हैं तथा पूर्णतः सन्तोषप्रद नहीं है, के माध्यम से भारतीयों के जीवन में आशा का नया संचार होगा।

"लेकिन वह समस्त आशा जाती रही। खिलाफत के सम्बन्ध में दिया गया वचन पूरा नहीं होने वाला था। पंजाब के अपराधों पर लीपापोती की गई। अधिकांश अपराधी बिना दण्ड के न केवल बच गए, अपितु अपनी नौकरियों में बने रहे; अनेक को तो भारत के कोष से पेशनें दी जाती रहीं, और कइयों को तो सम्मानित किया गया। मैंने यह भी देखा कि सुधारों ने हृदय परिवर्तन नहीं किया, अपितु ये सुधार भारत की सम्पदा को निचोड़ने का एक ढंग और भारत की परतंत्रता को लम्बा करने का एक उपाय था।

"अभी-अभी मैं इस परिणाम पर पहुँचा हूँ कि ब्रिटेन के साथ सम्बन्ध रखकर भारत राजनीतिक और आर्थिक दृष्टि से पहले से भी अधिक असहाय बनता जाएगा। शस्त्र-विहीन भारत के पास किसी आक्रमणकारी का मुकाबला करने की, यदि वह सशस्त्र उससे मुकाबला करना चाहे, शक्ति नहीं है। ऐसा ही मामला वह भी है जिसमें हमारे कुछ सबसे अच्छे लोग औपनिवेशिक स्तर प्राप्त करने से पूर्व देश की पीढ़ियों को आगे बढ़ाने की क्षमता की बात करते हैं। वह[4] इतना गरीब बन गया है कि उसमें अकाल का सामना करने की शक्ति नहीं रह गई है। अंग्रेजों के आगमन से पूर्व भारत के लाखों झोपड़ों में सूत काता जाता था, वस्त्र बुने जाते थे। खेती के अल्प साधनों के पूरक के रूप मे इसकी उसे आवश्यकता थी। भारत के अस्तित्व के लिए अनिवार्य इस कुटीर उद्योग को अविश्वसनीय निर्ममता और अमानवीय उपायों से नष्ट कर दिया गया और इसका विवरण स्वयं अंग्रेजों ने ही प्रस्तुत किया है। नगरवासी बहुत कम जानते हैं कि कैसे आधा पेट भूखा रहने वाले भारतीय जनमानस शनैः-शनैः जीवनविहीन होते जा रहे हैं? वे इस बारे में भी बहुत कम जानते हैं कि उनकी सुविधाओं का आधार वही दलाली है, जो वे विदेशी शोषणकर्ताओं के लिए करते हैं, और जो अन्ततः जनमानस से झपटा हुआ, उनके खून पसीने से उत्पन्न हुआ धन ही है। वे कदाचित् नहीं जानते हैं कि ब्रिटिश भारत में विधि द्वारा स्थापित शासन जनता का शोषण करने के लिए चलाया जाता है। अनेक ग्रामों में नग्न चक्षुओं के समक्ष कंकाल के समान

मनुष्यों के उदाहरण मौजूद हैं और उन्हें किसी भी प्रकार के छलमय, कुतर्क या आंकड़ों की हेराफेरी से नकारा नहीं जा सकता है। मुझे इस बात में कोई सन्देह नहीं है कि दोनों, इंग्लैण्ड और नगरवासियों को, यदि ईश्वरीय सत्ता में विश्वास है, तो मानवता के विरुद्ध इस जघन्य अपराध के लिए उत्तर देना होगा, जो इतिहास में कदाचित् बेमिसाल है। इस देश में कानून का उपयोग विदेशी शोषणकर्ताओं की सहायता करने के लिए किया गया है। सौ में से पच्चानवें मामलों में, भारत के न्यायालयों में यूरोपवासियों के मुकाबले भारतीयों को न्याय से वंचित किया गया है। इस वास्तविकता में कोई अतिशयोक्ति नहीं है। इस तरह के मामलों से जिन भारतीयों का वास्ता रहा है, उन सभी का ऐसा ही अनुभव है। मेरे विचार में इस प्रकार शोषणकर्ताओं को लाभ पहुँचाने के लिए कानून का, जाने-अनजाने, दुरुपयोग किया जाता है। राजनीतिक मामलों की समीक्षा से मैं इस निर्णय पर पहुंचा हूँ कि प्रत्येक दस में से नौ दण्डित लोग बेकसूर थे। उनका अपराध था तो यही कि उन्हें अपने देश से प्रेम था। मेरी दृष्टि में कानूनी प्रशासन, जाने और अनजाने में, शोषणकर्ताओं के हितों की रक्षा के लिए ही है।

"सबसे बड़ा दुर्भाग्य यह है कि अंग्रेज और प्रशासन में उनके भारतीय सहयोगी नहीं जानते कि वे एक अपराध में संलग्न हैं, जैसा कि मैंने उल्लेख किया है। इस बात से मैं सन्तुष्ट हूँ कि अनेक अंग्रेज और भारतीय अधिकारी ईमानदारी से यह मानते हैं कि यदि एक ओर आतंकवाद की एक सूक्ष्म और कारगर प्रणाली और शक्ति का वे संगठित प्रदर्शन करते हैं, तो दूसरी ओर प्रतिकार या आत्मरक्षा करने की शक्ति से पूर्णतः वंचित जनता है। यह जनता दोहरी मार से पौरुषविहीन हो चुकी है तथा उसके भीतर नकल करने की आदत विकसित हो गई है।

"धारा 12(अ), जिसके अधीन मुझ पर अभियोग लगाया गया है, कदाचित् भारतीय दण्ड संहिता की राजनीतिक धाराओं में सबसे महत्त्वपूर्ण है; जिसका उद्देश्य नागरिक स्वतंत्रता को कुचल देना है। स्नेह को न तो कानून

से मापा जा सकता है और न ही इसके लिए कानून की आवश्यकता है। यदि किसी को किसी व्यक्ति या वस्तु से प्रेम नहीं है, तो उसे तब तक अपनी असन्तुष्टता को प्रकट करने की पूरी छूट रहनी चाहिए जब तक वह हिंसा करने या भड़काने की बात नहीं करता। लेकिन जिस धारा के तहत श्री बैंकर और मुझ पर मुकदमा चलाया गया है, उसमें असन्तोष करने का मात्र विचार भी अपराध है। मैंने इस धारा के अन्तर्गत चलाए गए कुछ मुकदमों का अध्ययन किया है। मैं यह भी जानता हूँ कि भारत के कई सबसे लोकप्रिय देशभक्तों को इस धारा के अन्तर्गत दण्डित किया गया है। अतः इस धारा के अधीन मेरे ऊपर जो मुकदमा चलाया गया है, उसे मैं अपना सौभाग्य मानता हूँ। मैंने संक्षेप में अपने असन्तोष के कारणों की रूपरेखा दी है। मेरी किसी भी प्रशासक के विरुद्ध कोई रुग्ण-इच्छा नहीं है, ऐसा ही मैं राजा के बारे में भी कह सकता हूँ। लेकिन मेरी मान्यता है कि ऐसी सरकार के प्रति असन्तोष की भावना रखना एक गुण है, जिसने कुल मिलाकर किसी भी शासन-व्यवस्था के मुकाबले में भारत का सबसे अधिक अहित किया है। भारत ऐसे अमानवीय शासन के अधीन पहले कभी नहीं रहा, जैसा वह ब्रिटिश-शासन के अधीन है। इसी धारणा से ऐसी व्यवस्था के प्रति कोई प्रेम रखना मेरी दृष्टि में पाप है, और मेरे विरुद्ध जो लेख साक्ष्य के रूप में प्रस्तुत किए गए हैं, उन्हें लिखकर मैं अपने को सौभाग्यशाली मानता हूँ।

"वास्तव में, मेरा यह विश्वास है कि अप्राकृतिक स्थिति में रह रहे भारत और इंग्लैण्ड, दोनों, को असहयोग का मार्ग दिखाकर मैंने सेवा का कार्य किया है। मेरी विनम्र दृष्टि में बुराई के साथ असहयोग वैसी ही कार्यवाही है, जैसे कि अच्छाई के साथ सहयोग करना कर्तव्य होता है। लेकिन पूर्वकाल में असहयोग को बुराईकर्ता के विरुद्ध हिंसा में अभिव्यक्त किया गया है। मैं अपने देशवासियों को यह बताने का प्रयास कर रहा हूँ कि हिंसक असहयोग तो केवल बुराई को बढ़ाता है और वह बुराई हिंसा के बल पर बनी रहती है, जबकि बुराई से बचने के लिए हिंसा से अनुपस्थित रहना आवश्यक है।

अहिंसा का अर्थ है बुराई के साथ असहयोग करने के परिणामस्वरूप मिलने वाले कष्ट को स्वेच्छापूर्वक सहन करना।

"मुझे ज्ञात था कि मैं आग से खेल रहा हूँ। मैंने खतरा उठाया है और यदि मैं मुक्त कर दिया जाता हूँ, तो ऐसा ही मैं फिर से करूँगा। इसलिए मैं यहाँ किसी छोटे-मोटे दण्ड के लिए नहीं, अपितु बड़े व कठोर दण्ड को पाने के लिए उपस्थित हूँ। मैं किसी क्षमायाचना के लिए नहीं कहता हूँ। मैं अपने कृत्य के लिए तर्क भी नहीं करता हूँ। मैं तो प्रसन्नतापूर्वक अपने आपको उस बड़े-से-बड़े दण्ड के लिए उपस्थित करके आपसे कहता हूँ कि मुझे वही दण्ड दें, जो आपके कानून की दृष्टि में जघन्य अपराध के लिए दिया जाता है, और जो मेरी दृष्टि में नागरिक का सबसे बड़ा कर्तव्य है। न्यायाधीश महोदय, आपके पास जो विकल्प हैं, उनमें आप या तो अपने को बुराई से बचाते हुए अपना पदत्याग कर दें, और वह भी यह मानते हुए कि (व्यवस्था) संचालनार्थ, जिसे आप कानून मानते हैं, वह एक बुराई है और मैं निर्दोष हूँ, अथवा दूसरी स्थिति में, यह मानते हुए कि जिस व्यवस्था को बनाए रखने के लिए आप सहायता कर रहे हैं, वह इस देश की जनता के हित में है और मेरी गतिविधियाँ जनहित के लिए खतरनाक हैं, मुझे कठोरतम् दण्ड दें।"

4

"सत्याग्रहियों के लिए नियम...

"व्यक्तिगत रूप में:

1. सत्याग्रही, अर्थात सविनय अवज्ञाकर्ता क्रोध नहीं करेगा;
2. वह विरोधी के क्रोध को सहन करेगा;
3. ऐसा करते हुए वह विरोधी के हमले को सहन करेगा, उसका (कभी) प्रतिकार नहीं करेगा; लेकिन क्रोध में दिए किसी भी आदेश के समक्ष, दण्ड के भय से या इसी प्रकार के किसी दूसरे भय से, समर्पण नहीं करेगा;

4. जब कोई अधिकार-सम्पन्न (अधिकारी) सत्याग्रही को गिरफ्तार करना चाहे, तो वह स्वेच्छापूर्वक अपने को गिरफ्तारी के लिए प्रस्तुत करेगा; जब अधिकारी उसकी सम्पत्ति की जब्ती करे, तो वह उस, समय अपनी स्वयं की सम्पत्ति को छुड़ाने के लिए, विरोध नहीं करेगा;
5. यदि कोई सत्याग्रही, ट्रस्टी के रूप में, कोई सम्पत्ति रखता है, तो उसके समर्पण को वह साफ मना करेगा, और उसकी सुरक्षा के लिए वह अपना जीवन न्यौछावर भी कर देगा। फिर भी वह बदले की कार्यवाही में संलग्न नहीं होगा;
6. कसम खाना और गाली देना, दोनों, अप्रतिशोध की परिधि से बाहर होते हैं;
7. इस प्रकार सत्याग्रही अपने विरोधी का अपमान नहीं करेगा; और उन नए प्रकार की चिल्लाने वाली बातों को, जो अहिंसा की भावना के विरुद्ध हैं, नहीं अपनाएगा;
8. सत्याग्रही यूनियन जैक को सलाम नहीं करेगा; वह न तो इसका अपमान करेगा तथा न ही किसी ब्रिटिश अथवा भारतीय अधिकारी का अपमान करेगा;
9. यदि संघर्ष के दौरान कोई किसी अधिकारी का अपमान करता है या उस पर हमला करता हे, तो सत्याग्रही ऐसे अधिकारी को सुरक्षा देगा और अपमान या आक्रमण से बचाने के लिए अपने जीवन को भी दाँव पर लगा देगा।"

"बन्दी के रूप में:

10. सत्याग्रही बन्दी के रूप में जेल अधिकारियों के साथ उत्साहपूर्वक अच्छा व्यवहार करेगा, और वह उन सभी अनुशासनों का जेल में पालन करेगा, जो उसके आत्म-सम्मान के विरुद्ध न हों; उदाहरण के लिए वह अधिकारियों को तो सामान्यतः प्रणाम करेगा, लेकिन वह अमानवीय ढंग की प्रदक्षिणा नहीं करेगा और सरकार की विजय या

इसी प्रकार के अन्य कार्यों में जय-जयकार करने से मना करेगा। वह स्वच्छ रूप में पका हुआ और दिया गया भोजन स्वीकार करेगा, वह भी उस तरह जो उसके धार्मिक विश्वास के अनुकूल हो; वह उस भोजन को लेने से मना करेगा, जो अपमानजनक रूप से या अस्वच्छ रूप में उसे दिया जाएगा;

11. सत्याग्रही अपने और किसी सामान्य बन्दी में कोई भेद नहीं करेगा और वह किसी भी रूप में अपने को दूसरो से ऊँचा नहीं मानेगा, तथा वह न ही अपने शरीर को स्वस्थ रखने और उसे बनाने के लिए किसी भी तरह की सुविधाओं की माँग करेगा। उसे, तो भी, उन सुविधाओं के लिए कहने का अधिकार है, जो उसके शारीरिक एवं मानसिक कल्याण के लिए आवश्यक हों; तथा
12. सत्याग्रही उन सुविधाओं के लिए व्रत (अनशन) नहीं कर सकता, जो उसके आत्म-सम्मान की रक्षा के अतिरिक्त, किसी दूसरे उद्देश्यों की प्राप्ति के लिए हों।"

"इकाई के रूप में:

13. सत्याग्रही (अपने) समूह के नेता द्वारा दिए गए समस्त आदेशों का खुशी से पालन करेगा, भले ही उनसे उसे प्रसन्नता मिले या नहीं;
14. भले ही नेता द्वारा दिए गए आदेश प्रतिकूल, मूखर्तापूर्ण या अपमानित करने वाले प्रतीत हों, सत्याग्रही पहले उनका पालन करेगा, तदोपरान्त वह उच्चाधिकारियों के समक्ष अपील करेगा। वह दल में सम्मिलित होने से पहले सन्तुष्टि हेतु स्वतंत्र है, लेकिन सम्मिलित हो जाने के बाद यह उसका कर्तव्य है कि वह इसके कठोर अनुशासन का पालन करे। यदि समूह या दल के कार्य किसी सदस्य को अनुचित या अनैतिक प्रतीत हों, तो उसे उससे अपने सम्बन्ध विच्छेद करने का अधिकार है, लेकिन इसमें बने रहते हुए उसे इसके अनुशासन को भंग करने का अधिकार नहीं है;

15. सत्याग्रही अपने आश्रितों के लिए भरपाई की आशा नहीं कर सकता। यदि ऐसा कोई प्रावधान किया जाता है, तो वह संयोगवश ही होगा। सत्याग्रही अपने आश्रितों को ईश्वर के सहारे छोड़ता है। सामान्य युद्ध की स्थिति में भी, जहाँ हजारों-लाखों लोग संलग्न होते हैं, वहाँ भी इस तरह का प्रावधान नहीं होता। कितना और? क्या सत्याग्रही का ऐसा मामला होना चाहिए? यह शाश्वत अनुभव है कि ऐसे समय में शायद ही किसी को भूखा मरने दिया जाता है।"

"साम्प्रदायिक संघर्ष में:

16. कोई भी सत्याग्रही जानबूझकर साम्प्रदायिक झगड़े का कारण नहीं बनेगा;
17. साम्प्रदायिक स्थिति उत्पन्न हो जाने पर, वह किसी का पक्ष नहीं लेगा तथा उसी पक्ष की सहायता करेगा, जो सच्चाई के साथ संघर्षरत हो। हिन्दू के रूप में वह मुसलमानों तथा दूसरों के प्रति सद्भाव रखेगा, और किसी हिन्दू आक्रमण से गैर हिन्दुओं को बचाने में अपने जीवन का बलिदान कर देगा। यदि आक्रमण दूसरी ओर से है, तो वह बदले की किसी कार्यवाही में सम्मिलित नहीं होगा, लेकिन हिन्दुओं की सुरक्षा करते हुए अपना जीवन न्यौछावर कर देगा;
18. अपनी पूर्ण क्षमतानुसार वह उन परिस्थितियों से बचने का प्रयास करेगा, जो साम्प्रदायिक संघर्ष उत्पन्न कर सकती हैं; तथा
19. यदि सत्याग्रहियों का जुलूस जा रहा हो, तो सत्याग्रही ऐसा कुछ नहीं करेंगे जिससे किसी धर्म-सम्प्रदाय की भावनाओं को ठेस पहुँचे, और वे ऐसे किसी जुलूस में भी भाग नहीं लेंगे, जिससे ऐसी संभावनाएँ उत्पन्न होती हों।"

5

5 मार्च, 1931 को वायसराय इरविन और गाँधी के मध्य हुए

समझौते, और परिणामस्वरूप सविनय अवज्ञा आन्दोलन के स्थगन के सम्बन्ध में एच० डब्ल्यू० एमरसन, सचिव, गृह विभाग, भारत सरकार द्वारा जारी वक्तव्यः

“1. महामहिम वायसराय और श्री गाँधी के मध्य हुए वार्तालाप के परिणामस्वरूप, यह व्यवस्था की गई है कि सविनय अवज्ञा आन्दोलन स्थगित होगा, और यह कि सम्राट की सरकार की अनुमति से भारत सरकार एवं स्थानीय सरकारों द्वारा निश्चित कार्यवाही की जाएगी;

“2. सम्राट की सरकार की स्वीकृति से भविष्य में बातचीत का विषय भारत की संवैधानिक सरकार की उस योजना पर आगे विचार करने का होगा, जिस पर गोलमेज सम्मेलन* में विचार किया गया था। उस योजना में संघीय ढाँचा एक अनिवार्य वस्तु है; इसी प्रकार भारतीयों का उत्तरदायित्व, तथा प्रतिरक्षा, विदेशी विषय, अल्पसंख्यकों की स्थिति, भारत के ऋण की स्थिति और दायित्वों के निर्वाह आदि जैसे विषयों में भारत के हित को ध्यान में रखते हुए आरक्षण अथवा सुरक्षात्मक प्रावधान भी उसी प्रकार उस योजना का महत्त्वपूर्ण अंग हैं;

“3. 19 जनवरी, 1931 को प्रधानमंत्री द्वारा की गई घोषणा के बारे में जारी वक्तव्य के तारतम्य में, संवैधानिक सुधार की योजना हेतु होने वाली चर्चा में काँग्रेस की भागीदारी के लिए कदम उठाए जाएँगे;

“4. समझौता प्रत्यक्षतः सविनय अवज्ञा आन्दोलन की गतिविधियों से सम्बन्धित है;

“5. सविनय अवज्ञा प्रभावकारी ढंग से रोकी जाएगी और सरकार की ओर से भी समकक्ष कार्यवाही की जाएगी। प्रभावकारी ढंग से सविनय अवज्ञा आन्दोलन को रोकने का अर्थ है, उन सभी गतिविधियों, जिनका आगे उल्लेख है, और जिनके लिए कोई भी ढंग अपनाया जाए, विशेष रूप सेः

* 1930 में आयोजित प्रथम गोलमेज सम्मेलन।

"(i) किसी भी कानून के प्रावधानों की संगठित अवज्ञा;

"(ii) भू-राजस्व और दूसरे वैधानिक देय को अदा न करने हेतु आन्दोलन;

"(iii) सविनय अवज्ञा आन्दोलन के समर्थन में समाचार पत्रों का प्रकाशन; व

"(iv) नागरिक और रक्षा सेवाओं में लगे लोगों को प्रभावित करने के प्रयास, अथवा ग्राम-अधिकारियों को सरकार के विरुद्ध उकसाना या उन्हें पद-त्याग के लिए प्रभावित करना।"

"6. विदेशी माल के बहिष्कार के सम्बन्ध में दो मुद्‌दे सम्मिलित हैं। प्रथमः बहिष्कार की शक्ल; और द्वितीयः इसे प्रभावकारी बनाने का तरीका। सरकार की स्थिति इस प्रकार है : वह आर्थिक और औद्योगिक प्रक्रिया, जो भारत के सामान की स्थिति के विकास के लिए अपनायी जाए, के एक भाग के रूप में भारतीय उद्योगों को बढ़ावा देने का अनुमोदन करती है। और, वह (इस सन्दर्भ में) प्रचार के ढंग को निरुत्साहित करने का कोई इरादा नहीं रखती है; और इस हेतु कानून की मर्यादा के भीतर, जिससे न तो व्यक्तियों की निजी स्वतंत्रता का हनन हो, तथा न ही कानून और व्यवस्था को बनाए रखने के लिए कोई समस्या उत्पन्न हो, कदम उठाए जाएँगे। किन्तु सविनय अवज्ञा आन्दोलन के दौरान अभारतीय वस्तुओं के बहिष्कार (उन वस्त्रों के अतिरिक्त, जो अन्य सभी विदेशी वस्त्रों पर लागू किया गया था), मुख्यतः, यदि विशेष रूप से नहीं भी तो, ब्रिटिश सामान के सम्बन्ध में स्वीकार किया गया है कि इसे राजनीतिक साधन के रूप में ही अपनाया जाए।

"यह स्वीकार किया गया है कि इस प्रकार का बहिष्कार या आयोजन काँग्रेस के प्रतिनिधियों की भागीदारी एवं उनके ब्रिटिश-भारत के प्रतिनिधि, भारतीय राज्यों और सम्राट की सरकार एवं इंग्लैण्ड के दलों के मध्य भारत के संवैधानिक प्रश्न के सम्बन्ध में होने वाले स्पष्ट तथा मैत्रीपूर्ण विचार-विमर्श के आड़े नहीं आएगा; और कोई समझौता (यदि हुआ) भी, तो वह सुरक्षित

तथा विश्वासमय होगा। इसलिए यह सहमति हुई है कि सविनय अवज्ञा आन्दोलन के स्थगन का अर्थ ब्रिटिश सामान का राजनीतिक अस्त्र के रूप में स्थाई बहिष्कार रोकना नहीं है। और आन्दोलन के समय जिन लोगों ने उत्साहित होकर ब्रिटिश सामान का उपयोग बन्द कर दिया है, उन्हें (भी) आगे इसके क्रय-विक्रय से इच्छानुसार मुक्त कर देना चाहिए। वे चाहें तो बिना किसी प्रतिबन्ध या भय के, इस बारे में अपना दृष्टिकोण परिवर्तित कर सकते हैं;

"7. ब्रिटिश सामान और शराब की दुकानों के बहिष्कार और उन पर धरना देने के सम्बन्ध में सरकार स्वदेशी वस्तुओं के उपयोग को प्रोत्साहित करने और इस प्रकार भारतीय उद्योगों को विकसित करने एवं मदिरा की लत को निरुत्साहित करने की बात को सिद्धान्त रूप में स्वीकार करती है। लेकिन इस सन्दर्भ में उठाए गए कदम कानून की मर्यादा में होंगे, धरने अनाक्रामक होंगे और उनमें जनता के साथ कोई जोर-जबरदस्ती, धमकी, शारीरिक बाधा आदि जैसी कार्यवाही नहीं की जाएगी; प्रदर्शन, और इस सन्दर्भ में बाधा डालने वाले तरीके नहीं अपनाए जाएँगे;

"8. श्री गाँधी ने पुलिस द्वारा की गई अमानवीय कार्यवाही के आरोपों से सम्बन्धित कुछ मामलों की ओर सरकार का ध्यान आकर्षित किया और जन-जाँच की माँग की। वर्तमान परिस्थितियों में सरकार इस बारे में बहुत कठिनाई अनुभव करती है और महसूस करती है कि ऐसा करने से अनावश्यक आरोप-प्रत्यारोप प्रारम्भ होंगे, जिससे शान्ति-प्रक्रिया बाधित होगी। इस बात से श्री गाँधी ने सहमति जताई और मामले पर आगे कोई दबाव न डालने की बात की;

"9. सविनय अवज्ञा आन्दोलन के रोके जाने पर सरकार की ओर से उठाए जाने वाले कदम इस प्रकार से हैं;

"10. सविनय अवज्ञा आन्दोलन के सम्बन्ध में जारी अध्यादेश वापस ले लिया जाएगा; आतंकवादी आन्दोलन से सम्बन्धित अध्यादेश संख्या 1,

1931, इस प्रावधान की परिधि में नहीं आता है;

"11. अपराध कानून संशोधित एक्ट-1908 के अन्तर्गत संस्थाओं को गैरकानूनी घोषित करने से सम्बन्धित आज्ञा को वापस ले लिया जाएगा, शर्त यह होगी कि (वह) आज्ञा सविनय अवज्ञा आन्दोलन के सम्बन्ध में जारी की गई हो;

"12. (i) विचाराधीन वे मामले जो सविनय अवज्ञा आन्दोलन के सम्बन्ध में दर्ज हुए हों, और जो ऐसे अपराधों से सम्बद्ध न रहे हो, जिनमें हिंसा जुड़ी रही हो (तकनीकी हिंसा, या ऐसी हिंसा को उकसाने से जुड़े मामलों के अतिरिक्त) को वापस लिया जाएगा;

(ii) अपराध-प्रक्रिया कानून की सुरक्षा के प्रावधानों के सम्बन्ध में भी यही सिद्धान्त लागू होगा;

(iii) सविनय अवज्ञा आन्दोलन के सम्बन्ध में, वकालतकर्ता के व्यवहार को लेकर, सम्बन्धित कानून के अनुसार यदि स्थानीय सरकार उच्च न्यायालय की शरण में गई है, या उसने कोई कार्यवाही प्रारम्भ की है, तो प्रार्थना-पत्र देकर उच्च न्यायालय से मामले को वापस लेने का अनुरोध किया जाएगा, शर्त यह होगी कि सम्बन्धित व्यक्ति का व्यवहार हिंसक न रहा हो, या उसने हिंसा को न उकसाया हो;

"(iv) उक्त प्रावधान की परिधि में ऐसे सैनिक या पुलिस से जुड़े किसी व्यक्ति का मामला नहीं आता है, जिसने कानून की अवज्ञा की हो;

"13. (i) वे कैदी, जो सविनय अवज्ञा आन्दोलन के दौरान बन्दी बनाए गए, छोड़े जाएँगे, शर्त यह होगी कि वे हिंसक अपराधों से जुड़े न रहे हों, और तकनीकी हिंसा अथवा हिंसा को उकसाने में उनकी संलग्नता न रही हो;

"(ii) यदि कोई बन्दी उक्त प्रावधान (i) के अन्तर्गत जेल की सजा पा रहा है, और वह तकनीकी हिंसा अथवा हिंसा को उकसाने के अतिरिक्त हिंसा में संलग्न नहीं रहा, तो उसे भी मुक्त कर दिया जाएगा;

अथवा यदि उक्त प्रकार का कोई मुकदमा किसी के विरुद्ध चल रहा है, तो उसे वापस ले लिया जाएगा;

"(iii) आज्ञा का उल्लंघन करने वाले सैनिकों और पुलिस वालों के अपराध, जो कुछ ही मामलों में सामने आए हैं, उक्त परिधि में नहीं आते हैं;

"14. जिस दण्ड की उगाही नहीं की गई है, उसे छोड़ दिया जाएगा। जहाँ अपराध-प्रक्रिया कानून की सुरक्षा के प्रावधानों के अन्तर्गत आदेश दिए गए हैं, और उन पर व्यवहार नहीं हुआ है, उन्हें भी छोड़ दिया जाएगा;

"उगाहे गए दण्ड और ली गई जमानतें, वे किसी भी कानून के प्रावधानान्तर्गत हों, वापस नहीं की जाएँगी;

"15. किसी विशेष क्षेत्र के निवासियों की सुरक्षा के लिए, उनके व्यय पर लगाई गई अतिरिक्त पुलिस को स्थानीय शासन के निर्देश पर वापस ले लिया जाएगा। स्थानीय शासन कोई धन वापस नहीं करेगा, न ही वास्तविक खर्च से बचा कोई धन, जो उगाहा गया हो, वापस किया जाएगा। लेकिन इस सम्बन्ध में जिस धन की उगाही नहीं हुई है, वह उन्हें जमा करना होगा;

"16. (अ) चल सम्पत्ति, जो अवैध नहीं है, तथा जिसे सविनय अवज्ञा आन्दोलन के दौरान जब्त किया गया, और जो अभी भी सरकार के नियंत्रण में है, भले ही उसकी जब्ती अध्यादेश या किसी आपराधिक कानून के प्रावधान के अन्तर्गत हुई हो, वापस कर दी जाएगी;

"(आ) भू-राजस्व अथवा किसी दूसरे प्रकार के कर की उगाही के बदले जब्त की गई चल सम्पत्ति (भी) वापस कर दी जाएगी, शर्त यह होगी कि जिला मजिस्ट्रेट को यह विश्वास हो कि पहले अदा न करने वाला अब एक निश्चित अवधि के भीतर ही बकाया राशि को जमा कर देगा। निश्चित अवधि क्या हो? यह तय करते समय अब अदा करने की इच्छा वाले की स्थिति, और अदा करने के लिए वास्तव में समय की उसके लिए आवश्यकता को विशेष रूप से ध्यान में रखा जाएगा; और यदि आवश्यक हो तो भू-राजस्व

प्रशासन के सामान्य सिद्धान्त के अनुरूप राजस्व को स्थगित किया जाएगा;

"(इ) जब्ती के बदले मुआवजा नहीं दिया जाएगा;

"(ई) उन विषयों में जहाँ सरकार द्वारा चल सम्पत्ति का विक्रय कर दिया गया हो, या उसका अन्तिम रूप से निपटारा कर दिया गया हो, तो विक्रय-प्रक्रिया में हुए खर्च के अतिरिक्त, मुआवजा दिया जाएगा, शर्त यह होगी कि बेची गई सम्पत्ति से कानूनी बकाया अधिक न हो;

"(उ) यदि कोई व्यक्ति यह अनुभव करता है कि उसकी जब्त की गई अथवा बन्धक बनाई गई सम्पत्ति कुर्क-कानूनानुसार नहीं है, तो वह न्याय प्राप्ति हेतु स्वतंत्रतापूर्वक न्यायालय का सहारा ले सकता है;

"17. (अ) अध्यादेश-9, 1930 के अन्तर्गत अधिकार में ली गई अचल सम्पत्ति को अध्यादेश के प्रावधानों के अनुसार ही वापस कर दिया जाएगा;

"(आ) सरकार के नियंत्रण वाली भूमि और दूसरी अचल सम्पत्ति को, जिसे भू-राजस्व या दूसरे कर जमा न करने के बदले में जब्त किया गया हो, वापस कर दिया जाएगा, शर्त यह होगी कि जिला मजिस्ट्रेट को यह विश्वास हो कि पहले अदा न करने वाला अब एक निश्चित अवधि के भीतर ही बकाया राशि को जमा कर देगा। निश्चित अवधि क्या हो? यह तय करते समय अब अदायगी की इच्छा रखने वाले की स्थिति और अदा करने के लिए वास्तव में समय की उसके लिए आवश्यकता को, विशेष रूप से ध्यान में रखा जाएगा; और यदि आवश्यक हो तो भू-राजस्व प्रशासन के सामान्य सिद्धान्त के अनुरूप राजस्व को स्थगित किया जाएगा;

"(इ) जहाँ अचल सम्पत्ति को किसी तीसरे पक्ष को बेच दिया गया है, वहाँ उस फैसले को सरकार की ओर से अन्तिम माना जाना चाहिए;

"(टिप्पणी : श्री गाँधी ने सरकार के समक्ष यह बात रखी कि यदि सारे नहीं तो उक्त से सम्बन्धित कुछ मामलों में, उनके विश्वास और उन्हें प्राप्त सूचनाओं के अनुसार, विक्रय-प्रक्रिया गैरकानूनी रही है। (लेकिन) सरकार

अपनी सूचना के आधार पर इसके लिए सहमत नहीं हो सकती।)

"(ई) यदि कोई व्यक्ति मानता है कि उसकी जब्त की गई अथवा बन्धक बनाई गई सम्पत्ति कानूनानुसार नहीं है, तो वह न्याय प्राप्ति हेतु स्वतंत्र होकर कानून का सहारा ले सकता है;

"18. सरकार का यह विश्वास है कि ऐसे बहुत ही कम मामले हैं, जिनमें करों की उगाही कानून के प्रावधानों के अनुरूप नहीं हुई है। इस प्रकार के मामलों के निपटारे हेतु स्थानीय सरकार जिले के अधिकारियों को, विशेष शिकायत के आधार पर, शीघ्र जाँच करके और बिना देरी के उन्हें विधि-सम्मत बनाने के निर्देश देगी;

"19. जहाँ त्यागपत्र देने के फलस्वरूप पदों को स्थाई रूप में फिर से भर लिया गया है, वहाँ छोड़कर गए लोगों को सरकार बहाल नहीं कर सकती। दूसरे मामलों में, योग्यता के आधार पर स्थानीय सरकारों द्वारा विचार किया जाएगा, जो सरकारी अधिकारियों या ग्राम-अधिकारियों के पदों पर पुनः नियुक्ति करते समय उन लोगों के प्रति उदार दृष्टिकोण रखेंगी, जो बहाली के लिए प्रार्थना पत्र देंगे;

"20. सरकार न तो नमक की व्यवस्था से सम्बन्धित जारी कानून के प्रावधान को तोड़ने में सक्षम है, तथा न ही वह वर्तमान आर्थिक स्थिति में नमक-कानून में कोई न्यूनतम परिवर्तन करने की हालत में हैं;

"फिर भी दीन वर्गों को विशेष राहत देने के उद्देश्य से, सरकार व्यवस्था का विस्तार करते हुए समुद्र के तटवर्ती क्षेत्रों में रहने वाले (स्थानीय ग्रामवासियों) को घरेलू खपत के लिए या उसी क्षेत्र के ग्रामों में बिक्री के लिए नमक एकत्रित करने या उसका उत्पादन करने की छूट देगी; तथा

"21. काँग्रेस द्वारा समझौते की शर्तों को प्रभावकारी न बनाने की स्थिति में, सरकार वे सभी उपाय करेगी, जो जनता की व व्यक्ति की सुरक्षा के लिए और कानून एवं व्यवस्था को बनाए रखने के लिए आवश्यक जान पड़ेंगे।"

6

(अखिल भारतीय काँग्रेस समिति का इलाहाबाद में पारित प्रस्ताव)

"जबकि सर स्टैफर्ड क्रिप्स के माध्यम से प्रस्तुत ब्रिटिश केबिनेट के प्रस्तावों ने ब्रिटिश साम्राज्यवाद को पूर्णतः नंगा, जैसा वह पहले कभी नहीं था, कर दिखाया है, अखिल भारतीय काँग्रेस समिति इस परिणाम पर पहुँची है:

"ब्रिटेन भारत की सुरक्षा करने में सक्षम नहीं है। यह स्वाभाविक है कि वह जो करते हैं, वह अपनी सुरक्षा के लिए ही करते हैं। भारतीय और ब्रिटिश हितों के बीच अपरिवर्तनीय और वास्तविक संघर्ष है। इसका अर्थ यह भी है कि रक्षा-सम्बन्धी उनकी परिकल्पना भी भिन्न है। ब्रिटिश सरकार का भारत के राजनीतिक दलों में विश्वास नहीं है। भारतीय सेना को अब तक हिन्दुस्तान को अधिनियंत्रण में रखने के लिए बनाए रखा गया है। इसे सामान्य जनता से पूर्णतः पृथक रखा गया है और वह किसी भी तरह इसे अपनी नहीं मान सकती। अविश्वास की नीति अभी तक भी जारी है और यही कारण है कि राष्ट्रीय सुरक्षा को भारत के निर्वाचित प्रतिनिधियों को नहीं सौंपा गया है।

"जापान का भारत के साथ झगड़ा नहीं है। वह ब्रिटिश साम्राज्य के विरुद्ध युद्धरत है। युद्ध में भारत की भागीदारी भारतीय जनता के प्रतिनिधियों की सहमति से नहीं हुई है। यह पूर्णतः (और एक पक्षीय) ब्रिटिश कार्यवाही है। यदि भारत स्वतंत्र होता, उसकी प्राथमिकता जापान के साथ वार्ता करना होती। काँग्रेस का यह मत है कि यदि ब्रिटेन भारत से हट जाए, तो भारत स्वयं जापानियों के, या किसी दूसरे आक्रमण से स्वयं अपनी रक्षा करने में सक्षम होगा।

"इसीलिए अखिल भारतीय काँग्रेस समिति का मत है कि ब्रिटेन भारत से चला जाए। उनका तर्क, कि वे भारतीय (राज्यों के) शासकों की सुरक्षा के

लिए यहाँ बने हुए हैं, पूर्णतः असत्यमय है। यह उनके भारत पर नियंत्रण को बनाए रखने का अतिरिक्त प्रमाण है। राजाओं को शस्त्रहीन भारत से भयभीत होने की कोई आवश्यकता नहीं है।

"बहुसंख्यक और अल्पसंख्यक का प्रश्न ब्रिटिश सरकार की उपज है, और वह उनके चले जाने के बाद समाप्त हो जाएगा।

"इन सभी कारणों से समिति ब्रिटेन से, स्वयं उसकी सुरक्षा के लिए, भारत की सुरक्षा के लिए और विश्व-शान्ति के लिए, अनुरोध करती है कि वह भारत पर से अपना नियंत्रण उठा ले, भले ही वह समस्त एशियाई और अफ्रीकी उपनिवेशों से (तुरन्त) न हटे।

"समिति जापानी सरकार एवं जनता को प्रत्याभूति देना चाहती है कि भारत की जापान अथवा किसी दूसरे राष्ट्र के साथ कोई शत्रुता नहीं है। भारत केवल विदेशी सत्ता से मुक्ति चाहता है। लेकिन इस संघर्ष में, जैसा कि समिति की राय है, जहाँ हम अन्तर्राष्ट्रीय सहानुभूति का स्वागत करते हैं, वहीं हम किसी विदेशी सैन्य सहायता की आवश्यकता अनुभव नहीं करते। भारत अपनी स्वाधीनता को अहिंसक शक्ति के बल पर प्राप्त करेगा तथा इसी के सहारे उसे बनाए रखेगा। इसीलिए समिति आशा रखती है कि जापान भारत के बारे में कोई योजना नहीं बनाएगा। लेकिन, यदि जापान भारत पर आक्रमण करता है, और ब्रिटेन उसका कोई उत्तर नहीं देता है, तो समिति उन सभी से जो काँग्रेस से निर्देश की आशा करते हैं, चाहेगी कि जापान के साथ अहिंसक असहयोग करने को वे आगे आएँगे और (जापानियों को) कोई भी सहायता प्रदान नहीं करेंगे। आक्रमणकर्ताओं को सहायता देना आक्रमण के शिकार लोगों के कर्तव्य का भाग नहीं है। पूर्ण असहयोग ही उनका कर्तव्य है।

"अहिंसक असहयोग के साधारण नियम को समझना कठिन नहीं है:

"(अ) हम आक्रमणकर्ता के समक्ष घुटने नहीं टेक सकते और न ही उसका कोई आदेश मान सकते हैं;

"(आ) हम उसकी ओर किसी भी सहायता के लिए नहीं देख सकते हैं, तथा न ही उसकी रिश्वत के सामने झुक सकते हैं। फिर भी हम न तो उसकी ओर कोई ध्यान देंगे तथा न ही उसका बुरा चाहेंगे;

"(इ) यदि वह हमारे क्षेत्र पर अधिकार करना चाहता है, हम उसे ऐसा नहीं करने देंगे, भले ही विरोध करते हुए हम मर भी क्यों न जाएँ;

"(ई) यदि उस पर बीमारी का आक्रमण होता है, अथवा वह भूखा-प्यासा हमसे सहायता चाहता है, तो हम ऐसा करने से मना नहीं कर सकते हैं; तथा

"(उ) उन स्थानों पर, जहाँ जापानी और अंग्रेजी सेनाएँ लड़ रही हैं, हमारा असहयोग निष्फल और अनावश्यक होगा।

"हमारा ब्रिटिश सरकार के साथ वर्तमान असहयोग सीमित है। यदि हमने पूर्ण असहयोग किया होता, जबकि वे वास्तव में लड़ रहे हैं, तो इसका परिणाम अपने देश को पूर्णतः जापानियों के हाथों में सौंप देना होता। इसलिए ब्रिटिश सेना के मार्ग में कोई बाधा उत्पन्न किए बिना, कदाचित् जापानियों के साथ असहयोग करना होगा। हम सक्रिय रूप से अंग्रेजों की कोई सहायता नहीं कर सकते। यदि हम उनके ताजा दृष्टिकोण से भाँप सकते हैं, तो ब्रिटिश सरकार को हम दास की स्थिति वालों से, जिसे हम कदापि स्वीकार नहीं कर सकते हैं, किसी सहायता की आवश्यकता ही नहीं है।

"समिति के लिए आवश्यक है कि वह जल रही पृथ्वी की योजना के बारे में स्पष्ट घोषणा करे। यदि हमारे अहिंसक विरोध के बावजूद देश का कोई भू-भाग जापान के अधिकार में चला जाता है, तो हम अपनी फसलों को नष्ट नहीं करेंगे, न ही जलापूर्ति आदि को बाधित करेंगे। यही कारण है कि हम अपने प्रयासों को पुनः जारी रख सकेंगे। युद्ध-सामग्री का विनाश दूसरी बात है और विशेष परिस्थितियों में वह सैन्य आवश्यकता हो सकती है। लेकिन जो जनता का है, या जनमानस के प्रयोग के लिए है, उसका विनाश काँग्रेस की नीति नहीं हो सकती।

"जब जापानी बलों के विरुद्ध असहयोग आवश्यक रूप में सीमित और तुलनात्मक रूप से छोटा होगा, तो पूर्ण एवं वास्तविक होने के कारण उसे सफल होना चाहिए। और, रचनात्मक कार्यक्रमों में लगे लाखों भारतीयों के दिल से काम करने के परिणामस्वरूप सच्चे स्वराज्य का फिर निर्माण होगा। इसके बिना वर्षों पुरानी निष्क्रियता से देश बाहर नहीं निकल पाएगा। अंग्रेज चाहे बने रहते हैं या नहीं, यह हमारा कर्तव्य है कि हम बेरोजगारी को दूर करें, अमीर एवं गरीब के बीच की खाई को पाटें, साम्प्रदायिकता को समाप्त करें, अस्पृश्यता को मिटाएँ, डकैतों को सुधार कर उनसे जनता की रक्षा करें। यदि करोड़ोंजन राष्ट्र-निर्माण के इस कार्य में सीधे-सीधे रुचि नहीं लेते हैं, तो स्वतंत्रता मात्र एक स्वप्न रहेगी, वह अहिंसा या हिंसा से भी प्राप्त नहीं हो सकेगी।

---

1. अमृतसर में।
2. ब्रिटिश प्रधानमंत्री जार्ज।
3. वर्ष 1919 में।
4. हिन्दुस्तान।

❖❖❖

चयनित पुस्तक व साहित्य सूची

अरुणचन्द्र गुहा, स्वतंत्रता संग्राम के पच्चीस वर्ष (1921-1946) दो भाग, प्रकाशन विभाग, सूचना एवं प्रसारण मंत्रालय, भारत सरकार, नई दिल्ली, (हिन्दी), 1990

आर० के० प्रभु, और यू० आर० राव, द माइन्ड ऑफ महात्मा गाँधी, नवजीवन पब्लिशिंग हाउस, अहमदाबाद (गुजरात), 1967

एण्ड्रूज, सी०एफ०, महात्मा गाँधीज आइडियाज, जार्ज ऐलन, लन्दन (यू० के०), 1929

जे० बी० कृपलानी, गाँधीः हिज लाइफ एण्ड थॉट (रिवाइज्ड एडिशन), प्रकाशन विभाग, सूचना एवं प्रसारण मंत्रालय, भारत सरकार, नई दिल्ली, 1991

डी० जी० तेन्दुलकर, महात्माः लाइफ ऑफ मोहनदास करमचन्द गाँधी, आठ खण्ड, वी० के० झवेरी और डी० जी० तेन्दुलकर, बम्बई, 1951-54

ताराचन्द, हिस्ट्री ऑफ फ्रीडम मूवमेंट इन इण्डिया, चार खण्ड, प्रकाशन विभाग, सूचना एवं प्रसारण मंत्रालय, भारत सरकार, नई दिल्ली, 1961-72

नेहरू स्मारक संग्रहालय एवं पुस्तकालय, तीन मूर्ति हाउस, नई दिल्ली, ए० आई० सी० सी० फाइल्स, 1920-42

बी० पट्टाभि सीतारमैय्या, हिस्ट्री ऑफ द कॉंग्रेस, भाग-एक, कॉंग्रेस कार्य-समिति, 1935

महादेव हरिलाल देसाई, द स्टोरी ऑफ बारडोली, नवजीवन पब्लिशिंग हाउस, अहमदाबाद (गुजरात), 1957

मोहनदास करमचन्द गाँधी, आत्मकथा अथवा मेरे सत्य के प्रयोग, नवजीवन प्रकाशन मन्दिर, अहमदाबाद (गुजरात), 1957

मोहनदास करमचन्द गाँधी, नवजीवन (हिन्दी) साप्ताहिक, अहमदाबाद, 1919–1931

मोहनदास करमचन्द गाँधी, यंग इण्डिया (अंग्रेजी) साप्ताहिक, (1919–1931), नवजीवन पब्लिशिंग हाउस द्वारा 13 खण्डों में पुनः मुद्रित, अहमदाबाद, 1984

मोहनदास करमचन्द गाँधी, रचनात्मक कार्यक्रम : अर्थ एवं स्थान, नवजीवन प्रकाशन मन्दिर, अहमदाबाद (गुजरात), 1948

मोहनदास करमचन्द गाँधी, सत्याग्रह इन साऊथ अफ्रीका (अंग्रेजी), नवजीवन पब्लिशिंग हाउस, अहमदाबाद (गुजरात), 1950

मोहनदास करमचन्द गाँधी, हरिजन (अंग्रेजी) साप्ताहिक, 1933–1948, हरिजन सेवक-संघ द्वारा 1941 तक तथा 1942 से नवजीवन, अहमदाबाद द्वारा प्रकाशित।

मोहनदास करमचन्द गाँधी, हिन्द स्वराज्य (अंग्रेजी), नवजीवन पब्लिशिंग हाउस, अहमदाबाद (गुजरात), 1958

रवीन्द्र कुमार, सरदार पटेल का सत्याग्रही जीवन (हिन्दी), मुजफ्फरनगर (उत्तर प्रदेश), 1988

राष्ट्रीय अभिलेखागार, नई दिल्ली, गृह विभाग (राजनीतिक), भारत सरकार, फाइल्स, 1918–42

राष्ट्रीय गाँधी संग्रहालय एवं पुस्तकालय, नई दिल्ली, मूल पत्र-संग्रह, 1920–40

❖❖❖